《走近科学》精选丛书

神秘生物调查

郭之文 主编

上海科学技术文献出版社
Shanghai Scientific and Technological Literature Press

图书在版编目（CIP）数据

神秘生物调查 / 郭之文主编．—上海：上海科学技术文献出版社，2019（2021.8重印）
（《走近科学》精选丛书）
ISBN 978-7-5439-7966-6

Ⅰ．①神… Ⅱ．①郭… Ⅲ．①科学知识—青少年读物 Ⅳ．①Z228.2

中国版本图书馆 CIP 数据核字（2019）第 168482 号

策划编辑：张　树
责任编辑：付婷婷　曹　惠
封面设计：合育文化

神秘生物调查
SHENMI SHENGWU DIAOCHA
郭之文　主编
出版发行：上海科学技术文献出版社
地　　址：上海市长乐路 746 号
邮政编码：200040
经　　销：全国新华书店
印　　刷：常熟市文化印刷有限公司
开　　本：720×1000　1/16
印　　张：13.75
字　　数：201 000
版　　次：2021 年 8 月第 2 次印刷
书　　号：ISBN 978-7-5439-7966-6
定　　价：58.00 元
http://www.sstlp.com

目录

CONTENTS

神农架野人调查

一说到神农架，我们就能想到很多关于神农架的传说，在众多的关于神农架的谜团当中，最引人注目的恐怕就是野人之谜了。

实际上关于神农架野人之谜，历史上很多朝代的很多文献都有记载，但是在新中国成立后，真正大规模地组建科考队，对神农架的野人情况进行调查，起源于20世纪70年代。

1. 神农架惊现野人

说起这件事应该说是一个人的功劳，这个人叫李建，可惜李建先生现在已经辞世了，当年他是湖北省郧阳地区的一位官员。1974年的时候，他给中央写过一份内参，这份内参说的是什么事呢？说的是当地有一个叫殷洪发的人，在山上巧遇野人，在与野人搏斗的过程中，还拽下了野人的几根毛发。又过了一两年，他再次给中央写了一份内参，在这份内参中他提到了另外一件事，就是说有6个神农架的人在林区中遇到了一个野人，这件事情就引起中国科学院的注意。中国科学院在1976年的时候，组织了一次大规模的科学考察活动，当时还带有部队，很多人参加，可以说拉网式地在神农架的山区进行了4年的科考活动。但非常可惜，在那次科考活动中，人们并没有发现活体的野人，哪怕是野人的尸骨也没发现。

慢慢地这件事情就逐渐淡了下去，从媒体的角度讲，它已经不具备轰动效应了。

但是到了2003年的时候，事情又有了新的变化——因为在2003年，神农架关于野人现身的消息再次频频地出现了。

2003年6月29日，在神农架林区的山路上，一辆面包车正在急速行驶。

开车的司机叫刘杰，在神农架邮局工作，刘杰几乎每天都要在这条路上跑好几个来回，传送邮件。

今天，除了刘杰以外，他的车上还坐了5个人。

他叫罗永斌，在神农架林区党委宣传部工作。一路上，罗永斌谈笑风生，他怎么也没有想到，就在几分钟之后，他们的眼前将出现传说中的野人的身影。

车在走过了一段平缓的公路以后，开始进入山区。由于山区弯道较多，所以司机也开始减缓车速。就在这时，前方的弯道上突然出现了一个身影。

罗永斌："当时把司机吓坏了，我旁边有一个乘客，他听见我在喊，就跟着喊了起来，他喊了两句，'白色动物，白色动物，快！'"

罗永斌："停车下去之后，我就在路边看，在一片比较干燥的沙石路上，看见了一个湿的脚印，这个脚印不大可能是正常人留下的。"

记者在调查

一段陡坡，一片密林，一只奇怪的脚印，再加上突然消失的身影，让罗永斌一行人一下子警觉起来。

短暂的慌乱过后，大家打通了当地电视台的电话。

刘杰："我是驾驶员，我对这件事情最敏感，当时有个障碍物在前头，我想这个人怎么这么自觉呀，让到公路边上啦，等我的车子过去以后，公路边上没人了"。

周江（目击者）："刚一转过来就看不见了，

我跟他两人同时喊：‘哎，哎，人呢？’”

罗永斌：“我们下车看的时候，发现一片很明显的蹬开的痕迹。”

刘杰：“没穿衣服，灰白色，上下都是灰色。”

周江：“站立着的，背还有点弓。”

周江，14 岁，是神农架林区一中的学生。

时隔 3 年之后，2006 年 9 月中旬的一天，在神农架林区一中的教室里，我们再次见到周江，他现在已经是一个 17 岁的高三学生了。

尽管事情已经过去了很久，但对于那天从眼前闪过的身影周江依然记忆犹新。

周江：“我正好坐在副驾驶的位置，坐在最右边，看得最清楚。车到了那个位置的时候，它就往坡下面跑。估计是这样走的，直立的，带一点弓，两条腿走路，它走的时候还带一点跛的样子，我第一眼就看出它是个人，车过去之后发现不对劲，怎么跑得那么快，唰的一下就过去了。”

从车前一闪而过的究竟是什么？浑身灰白色，直立行走，行动迅速敏捷。我们似乎很难把它和某一种已知的动物联系起来。那么，它会是传说中的野人吗？

在世界各地，流传着许多有关野人的传说——中国的野人、喜马拉雅山的“耶提”、蒙古的阿尔玛斯人、西伯利亚的丘丘纳、非洲的切莫斯特、日本的赫巴贡、澳洲的约韦，还有美洲的“沙斯夸之”（也就是众说纷纭的大脚怪）。几乎所有人类居住的大陆都曾经发现过“野人”的踪迹。

在浩瀚的中国古代典籍中，也曾有多处记载了这种神秘的人形动物。

在《山海经》中，就有这样的描述：枭阳国，在北朐之西，其为人，人面长唇，黑身有毛，反踵，见人笑亦笑。

清朝同治年间湖北郧阳府地方志中的《房志稿》记载：“房山高险幽远，石洞如房，多毛人，修丈余，遍体生毛，时出山啮人鸡犬，拒者必遭攫搏，以炮枪击之，铅子落地，不能伤。”

房山就是今天神农架北部山区的房县。

1976 年，在房县出土的汉墓群中，有铜铸九子灯残片，而灯上的图案是什么呢？一个像猿又像人的动物赫然坐在树上。

古书中记载的这种像猿又像人的动物，会不会是今天老百姓口口相传的野人呢？古人类学家做出了这样的猜想。

袁振新：“由于人类关心自己的起源，对人类的进化，虽然可以根据零零碎碎的化石材料排出从古猿到人的四五百万年的序列，如果我们对于人类近亲，要是能够考察到，进行详细地观察研究，并把它保护起来，那将是我们研究人类起源的一个活生生的标本。”

从猿到人的进化历程早已消失在遥远的过去，而科学家们只能凭借化石，来推测和重现这一过程。但是，由于化石的零碎和不完整，在进化链条上存在着缺环。

那么，这个缺环会不会就是传说中的“野人”呢？

神农架位于湖北西部，它是我国保存最为完好的自然生态保护区之一。迄今为止，在神农架，已经有数百人亲眼看见过一个神秘的身影：它身材魁梧，体格健硕，直立行走，浑身长着红褐色或灰白色的毛发。

从猿到人的进化

它会是传说中的野人吗？

我们在神农架林区政府找到了曾经在目击野人的罗永斌。

在罗永斌办公室的电脑上，我们见到了几张他特意保存下来的照片。

罗永斌：“跑的时候它的脚把这根藤踢断了，这根藤是非常结实的，没有很大的冲击力不可能达到这种效果，断口是新的；它是以 1.5 米左右的步幅跨下去，很陡的一个烂石地，一下就跨下去。”

一段陡坡，一片杂草丛生的密林，是谁的身影从这里一闪而过？而且还跨着 1.5 米左右的大步？同时，在一棵树的树干上，罗永斌还拍下了一个清晰的抓痕。

有一张手绘的图，据说就是根据当事人的目击报告画出来的。中间红色的区域标明的就是这个奇怪的生物，还有它见到汽车之后逃窜的路线和方向。

目击者告诉我们，他们认为看到的就是一个野人。

我们仔细地回忆一下，相隔几十米，看到了一个生物体，直立行走，浑身长满白毛，通过留下的痕迹发现，它的掌力似乎很大。

这种情况之下，如果先不考虑它是野人的话，那么有可能会是什么呢？

神农架除了野人之外还有什么有名呢？——各种各样的野生动物。关于神农架众谜之中，其中有一条就是神农架地区的白化动物特别多。

冯祚建：“根据群众的描述，我们认为很可能是某种动物缺乏了一种酪氨酸酶。这种酶的缺乏会造成黑色素的减少，很可能就是分布在神农架的白化的黑熊或者棕熊。”

在神农架的山林中，生活着许多白化动物，比如白化的熊，它们是黑熊或者棕熊白化形成的。

白化熊通身白色，很符合人们描述的那个不明动物的样子。

那么，罗永斌等人看到的会不会是一只直立行走的白化熊呢？

王文（东北林业大学）：“熊一是善游泳，再一个是善爬树，另外它主要是选择一些相对比较复杂的地形，比如说荆棘密布的地方，像石粒子，还有一些灌木丛的地方栖息。”

熊在逃跑

观察树上留下的痕迹

发现痕迹的地方荆棘密布，林木丛生，很像是熊所习惯的生活环境。同时，熊不仅善于奔跑，能够爬树，有的时候它还可以站起来，甚至直立行走。

那么，我们是否可以这样假设，一只正在路中穿越的熊，突然发现了急速开来的汽车，于是受到惊吓转身跑进了密林之中，而树上的抓痕，会不会就是熊留下的呢？

罗永斌："它可能是为了掌握平衡，就握了一下，有这样一个拧的动作。你看这树皮拧翻出来了，正常长不可能出现这种效果。"

根据罗永斌的分析，我们做了这样的假设：熊在仓皇逃跑的过程中，为了保持身体平衡而抓住了一棵树，于是树上就留下了这样的痕迹。

但是，在请教了一些动物学研究者之后，这个假设被推翻了。

王文："因为它本身体重也很重，有的有一百多千克，会在树干上留下很深的抓痕。"

大家都看见过熊掌，我们知道在熊掌上长着长长的爪勾。

也就是说，如果树上的这个抓痕是熊留下的，那么，大家应该还可以看到熊掌上爪勾的痕迹。

但是，无论在现场录像里，还是在后来拍摄的照片中，我们都难以发现相关的信息。

如果不是熊，那么，从大家眼前一闪而过的究竟又是什么呢？

就在罗永斌等人对眼前一闪而过的身影充满疑惑的时候，2003 年年底，在神农架一个叫塔平的地方，人们再次发现了奇怪的痕迹。

姜勇，是一位摄影师，在神农架自然保护区科研所工作，他是这里唯一从事动植物拍摄工作的专业摄影师。

最近几年，姜勇一直在跟踪拍摄神农架的金丝猴。听说，某一天，姜勇无意之中得到了几根奇怪的毛发。

于是，我们的记者立刻赶到了神农架。

姜勇：“我在燕天景区天门垭的塔平村采访的时候，在一个叫刘玄文的农户家里发现的。”

那年冬天，姜勇跟踪拍摄一个金丝猴家庭的群居生活。晚上，他就借宿在神农架林区一个叫刘玄文的农民家里。

姜勇：“当天晚上我住在他家，他就说他捡到几根毛发。他经常打猎，他从来没有见过这样的毛发。”

姜勇：“我感觉到这个毛发从来没见过，最长的大概有二十多厘米。当时有 7 根。”

姜勇：“在光线下透亮一看，它是深棕色的，准确说是棕褐色，不是纯黑，接近于人的毛发，又不是人的毛发。”

记者：“你怎么能确定？”

姜勇：“它比人的毛发要粗一点点，我们当场把几个人的头发拔下来几根，对比了一下。”

在姜勇给我们提供的录像里，我们看到了这根毛发的样子。

又粗又长的毛发，让常年在山间生活的猎手惊诧不已。

从车前闪过的身影，幽灵一般消失在密林深处。

这难道只是简单的巧合？

从科学考察中发现的蛛丝马迹，到人们收集到的各种奇异毛发。

所有的线索是否都和传说中的野人密切相关？《走近科学》的记者将展开进一步的调查。那么，我们会有怎样的收获呢？

那年，已经沉寂了很多年的关于野人的传闻再次重现于神农架地区。

首先是人们发现了怪异的身影，紧接着又发现了一些散落的毛发。

那么这些东西是否都把调查的目标指向了传说中的野人呢？或是说，跟以前的一些科学家解释的一样，不过是一些普普通通的动物而已，答案到底是什么呢？

现在我们进行任何科学调查的过程中，所利用的途径不可能只涉及一个学科，即使是我们的这种调查，恐怕也牵扯到医学技术、身份鉴定技术、痕迹调查等等；因此，对于 2003 年出现在神农架地区的种种神奇的现象，还必须经过大量的综合调查之后才能给出一个让所有人都比较能够接受的最终结果，那么接下来的调查我们又该如何进行呢？

2. 神秘的头发和脚印

到底有没有野人，即便是在学术界也存在着两种截然不同的观点。因为没有捉到一个活体野人，所以这件事情过去之后，人们很快就对它失去了新鲜感。没有想到，事隔 30 年，到了 2003 年的时候，在神农架地区又传出野人出现的消息。现在有新鲜的毛发存在，借助科学技术手段是否就能给我们提出一条新的思路呢？

在北京后海附近的一座四合院里，我们见到了王方辰老师，他是中国科学探险协会奇异珍稀动物专业委员会，也就是人们所说的“野人研究会”的秘书长。

2003 年，姜勇收集到的毛发后来都交给他来保管。

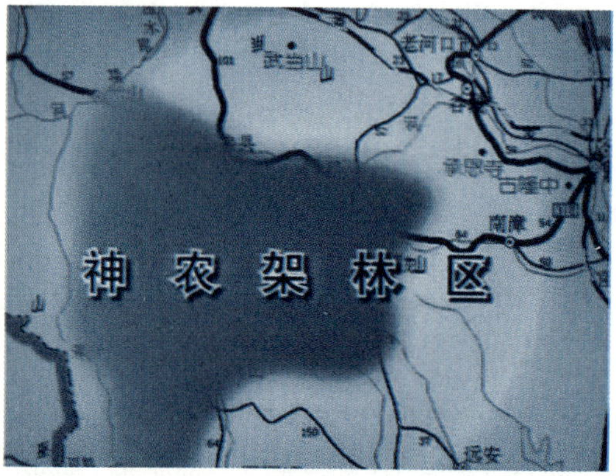

神农架林区示意图

王方辰：“他拿给我的时候是 5 根，化验了一根，在我的一个朋友那儿拍照片，拍断面拍了一根，我这儿现在还有 3 根。”

尽管已经过去了 3 年，但由于王方辰的细心保管，剩余的毛发现在仍然完整如初，而且其中的一根毛尖仍然十分明显。

毛尖就是我们通常所说的发梢，无论是人还是其他的哺乳动物，只要它跟环境接触，它的毛发就一定会出现磨损，而磨损最容易反应在毛尖部位，造成断裂和分叉等现象。那么，这根连毛尖都还十分完整的毛发，究竟能够说明什么问题呢？

带着这样的疑问，我们来到了中国科学院动物研究所。

冯祚建："看起来这根毛是比较长，从毛的长度看这个动物个子比较大，至少在 1.5 米以上，50 千克以上，到底是哪一类呢？我们还是看一下标本，看看能不能对得上。"

冯祚建是中国科学院动物研究所的研究员，多年从事动物分类学的研究工作。

对我们带来的这根毛发，冯先生似乎并不以为然，因为早在 1974 年，他就已经走进神农架，对一些所谓的野人毛发进行过鉴定。

冯祚建："在 1974 年 5 月 1 日，听说湖北房县神农架地区有一位叫殷洪发的农民，在上山采柴火的时候，听到附近有野人的声音，最后野人跑到他跟前，就进行搏斗。"

殷洪发："它的样子跟人是一样的，就是眼睛这儿凸一点，它是个女的。"

冯祚建："在搏斗中，他一把就抓着野人的头发，野人一反抗就跑了，所以他就把头发拽在手里面了。"

在神农架山区，流传着野人毛发可以治病的说法，所以，殷洪发从野人身上拽下来的毛被人们收了起来。

但是，在后来的调查中，冯祚建发现，所谓的野人毛，其实不过是一种叫作明鬃羊的动物毛。

冯祚建："最后证明标本室的毛和搏斗得来的毛是完全一样的，就是明鬃羊。"

记者："殷洪发是把鬣羚错看成野人了？"

冯祚建："当时我们觉得是一个谜，究竟是为什么？明明是明鬃羊的毛，他为什么说是野人的毛，但事隔多年以后，再有人去访问他，殷洪发说了实话，他说当时就是为了吓唬小孩的，让小孩晚上别到处乱跑，所以就说跟野人搏斗了，希望他们以后晚上别到处乱跑，早点回家。”

三十多年前，正是殷洪发口述说自己遭遇了野人，并且顺手扯了野人的几根毛发，他的这件事情才被当时的有关部门所重视，于是才有了那一次规模非常大的、针对神农架地区由国家组织的轰轰烈烈的野人考察活动。但是，刚才我们也听到了中科院动物研究所的冯祚建先生说，那时候，他们根据殷洪发提供的毛发进行了科学研究分析之后认为，那个毛发并不是未知生物体的，而是属于一种叫明鬃羊也叫鬣羚的动物。

这个明鬃羊又是个什么生物呢？

明鬃羊也叫作苏门羚，它本身是一种食草动物，神农架地区是它主要的栖息地，习性有点像山羊，喜欢在悬崖峭壁上跑来跑去，又喜欢食草，所以有人就管它叫鬣羚。

这样的一个生物，它背上的毛发被人们误以为是野人的，这就让我们不得不怀疑，这次我们得到的这几根毛发，到底是什么呢？

据说是几位药农上山采药，在悬崖峭壁之上发现了这么几根毛发，如果照这个思路分析的话，难道这次的毛还是明鬃羊的？

在中国科学院动物研究所的标本馆内，冯祚建教授打开了收藏有鬣羚毛皮的柜子。

尽管鬣羚背部的鬣毛和我们带去的毛发在长度上有些相似，但仔细对比，冯先生还是发现，两者仍然存在着不小的差别。

冯祚建：“这个不太像，明鬃羊的毛明显比它粗。”

除了比鬣羚的毛细以外，这根毛发的颜色也与鬣羚毛有些差别。经过对比，冯教授十分肯定地表示，这根毛发和他曾经鉴定过的那根毛发完全不同。

那么，这些在悬崖峭壁间被发现的又粗又长的毛发，如果不是鬣羚的鬣毛，那又会是谁留下的呢？

这里是位于哈尔滨的东北林业大学的野生动物资源学院，是目前国内动物毛发研究最权威的机构之一。

张伟是东北林业大学野生动物资源学院教授，多年从事动物毛皮学研究，是国内该领域的权威人士。一看到这根毛发，张教授就直截了当地告诉我们，这是一根哺乳动物的毛。

张伟：“这毛表面有特异性的鳞片结构，当你给它摩擦力的时候，它是定向移动的，它只朝毛根方向移动。我做一个实验，这是一根虎的触须，当我的手放到毛上，然后我的手开始移动，毛也跟我动，这是向毛根方向动，当我的手反向移动，手动毛不动，然后不断地移动，最后这根毛就持续地向一个方向移动。因为毛表面有鳞片的特异性结构，有定向移动的特性。我们再看另外一根，你们拿来这根毛，手动毛不动，反方向，手动毛也动，最后这根毛就向那个方向移动，我就判断我的左侧这边是毛根方向，那边是毛尖方向。”

根据哺乳动物毛发可以定向移动的特点，张伟首先肯定了毛发的真实性，这是一根真实的哺乳动物的毛。那么，它究竟是哪种哺乳动物的毛呢？

在张老师的带领下，我们来到了学院的动物毛皮陈列室。

张伟：“川金丝猴后背的毛比较长，比那个细多了，又细又软，因为它细，髓质本身也不是很发达，颜色相似，但是毛长度差别很大。”

毛发长度将近20厘米，于是，我们把一些类似于这个长度的动物毛发逐个取样，进行对比，结果发现，它们全都存在不同程度的差别。那么，究竟还有什么动物的毛会长这么长，这会不会就是一根人的头发呢？

张伟：“要是人的头发的话，我们一般的人都要剪发，特别是长到十几厘米、二十厘米长的情况下，一般的断端都不会有尖的，应该是平的，或者是有别的一些性状，通过这些比对，我感觉不像是人的头发，一般的人不会留到20厘米长的头发还没剪过。”

记者：“能确认不是人的头发吗？”

张伟：“还不行，必须借助微观结构的观察。”

究竟这根又粗又长的毛发是不是人的头发呢？为了找到正确答案，张伟对毛发进行了更细致观察。这时，他有了新的发现。

张伟：“我们正常人的头发，髓质的发达程度比较低，一般都是在整根毛

眺望

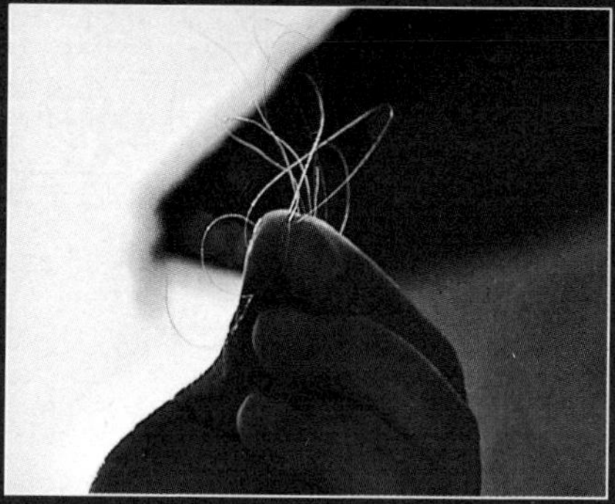

神秘的毛发

调查

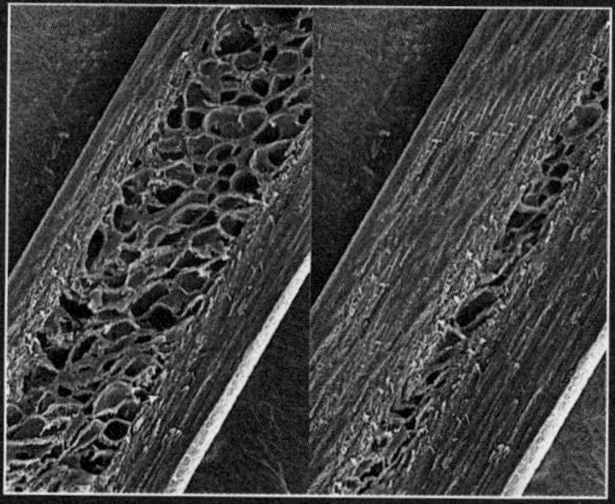

民宅

的直径1/3以内，我们再观察它的髓质，髓质的比例非常大，就是说髓质很发达，而且髓质形成一定的构形，这种构形明显地区别于人发，包括人体上的任何毛发，我们可以肯定它不是人发。”

张教授告诉我们，他现在能够做到的鉴定就是它不是人类的头发，至于是什么，得经过进一步DNA检测。但是DNA的检测，只有这么一样东西，只能知道这个家伙的基因什么样，但是你要问，它是什么东西，就必须和已有的资料库里的关于各种生物体的DNA进行对比，只有对比完了之后，才能说它是什么，或者接近于什么。但是这个工作需要相当长的一段时间。就在大家等待这个工作进行的时候，又传来了新的消息，有人在神农架的冰天雪地里，发现了一连串的大脚印。很多人都说，这肯定是野人的。为什么呢？如果不是野人，只要你是人，就不可能没事大冬天光着脚在冰雪上面跑。这好像又让我们看到了另外一线希望。

袁裕豪曾经当过5年的侦察兵，是百发百中的神枪手，后来他到神农架自然保护区工作，凭着一手好枪法，他被挑选参加了由中科院等单位组织的两次野人考察活动。

尽管大规模的科学考察没能发现野人踪迹，但却引发了袁裕豪对野人的兴趣，他开始注意寻找野人，寻找与野人有关的蛛丝马迹。

袁裕豪告诉我们，他曾两次与传说中的野人相遇，但遗憾的是，由于野人出没非常突然，让人猝不及防，所以他没能留下任何资料，直到他第三次发现了野人，这一次，他终于发现了野人的大脚印。

茅庐垭位于神农架林区的西部，海拔2800米。每年的11月到来年的3月，这里都覆盖着厚厚的冰雪。

那年3月4日，袁裕豪在巡山途中，经过这个叫茅庐垭的地方时，发现了一个奇怪的现象。

袁裕豪：“我到神农顶前面大概10千米叫猴子石的山峰，海拔也是三千多米，在那个地方正好瞭望火警。上去的时候什么也没发现，我转回来的时候，就发现茅庐垭有些脚印。我仔细一看，和人的有些相似，只是脚比我的大，脚指头看得很清楚。”

在冰天雪地中，突然出现一串大脚印引起了袁裕豪的特别关注，谁会在冰天雪地里光着脚走路呢？

袁裕豪：“那个地方朝阳，阴面还有雪，在正好朝阳的地方有脚印，那时候也没有尺子量，反正比我的脚大，我想大概有三四十厘米，反正和人的脚印相似，但是肯定不是人的脚印，人的没有那么大，步幅很大。”

尽管北方的 3 月已经有了春的气息，但这时的神农架山区仍然是冰天雪地的季节。这个时节，日平均气温依然还在零下，即便是在阳光灿烂的正午时分，一天的最高温度也只有两三摄氏度，别说游人，这个时候，当地的山民也不会到这儿来走动。那么，这些脚印会是谁留下的呢？

3. 脚印是真实存在的

目击者、毛发、脚印。

3 件事情发生在同一年，这究竟是偶然的巧合？还是必然的结果？

目击者看到的究竟会是什么？传说中的野人又是否真的存在？

谜底即将揭晓！

在沉寂了 30 年之后，神农架再次出现野人身影，引起了无数人的关注。

在 209 国道上面，有 6 个人发现了一个能直立行走的、浑身披满了白色毛发的生物体迅速地窜入密林；紧接着有人发现了一些毛发；随后又有人发现了大雪地里一连串三十多厘米的大脚印。这一切是不是又在向我们提示，也许野人这个生物真的有呢？

在袁裕豪家里，我们见到了大脚印的石膏模型。

经过测量，大脚印的长度是 35 厘米，在这个石膏模型上，我们能够清楚地看到一个一个的脚趾头。

袁裕豪告诉我们，刚发现脚印的时候，山上还下着雪，由于担心脚印被破坏，他用塑料布做了覆盖和保护，右图是后来拓出的脚印模型。

脚印模型

在脚印发现两个月以后，中国科学探险协会奇异珍稀动物专业委员会的专家来到了现场。

山上的积雪已经融化了，天上还下起了淅沥的小雨，原来发现的脚印已经被雨水冲刷得有些模糊，用塑料布覆盖着的 7 个脚印，现在只剩下了 3 个。

王方辰：“一会我们准备把这几个比较清晰的脚印实际测量一下，看看它的海拔，看看经纬度，看看每个脚印的具体情况。”

因为是刚刚把塑料布揭起来，这个脚印轮廓还是相当清晰的，比较深的，形状跟我们过去灌的脚印形状基本上一样，而且尺寸也一样，现在量起来是 34 厘米。

脚印一共有 7 个，几乎每个都有三十四五厘米长，而且每个脚步之间的跨度也都在一米以上。很难想象，谁会在冰天雪地里赤脚走路，而且还是这么大的步幅！脚印，真的是野人留下的吗？

除了袁裕豪发现的这几个大脚印外，在神农架的大山深处，人们还曾经发现过不少奇怪的大脚印，其中最大的一个长度在 48 厘米左右。

不仅在国内，这些年来，国外的人们也发现了不少奇怪的大脚印。

从这些大脚印的石膏模型来看，好像和人的脚一模一样，都是五指分开，有前脚掌、有脚后跟，还有足弓。可是，人的脚印怎么会有这么大呢？

带着这样的疑问，我们请教了中国科学院古脊椎动物与古人类研究所的袁振新教授。

除了进行古人类学的研究，袁教授目前还是中国科学探险协会奇异珍稀动物专业委员会，也就是人们常说的野人研究会的主任。

对于大脚印究竟是谁留下的？袁振新教授给了我们这样一个答案。

研究巨猿的脚印

树丛中寻找痕迹

袁振新："这次神农架发现的脚印很清晰，脚的长度 35 厘米，步幅 1.1 米。我身高一米七，我的脚长 25~26 厘米，它比我长 10 厘米。我的步幅在那种情况下只能跨 60 厘米，再跨多了就要滑倒。所以我认为这么大的脚，这么大的步幅，应当是巨猿才能达到，我认为它是巨猿的脚印。"

巨猿是一种介于人和猿之间的高级灵长类动物。

大约 100 万年前，在东南亚，包括中国南方的原始森林中，巨猿广泛地分布着，它们是世界上最大的灵长类动物。

然而，在对目前已出土的巨猿化石进行分析后，人们发现，这个巨大的身影正在鼎盛发展的关键时期，却突然间神秘地消失了。

20 世纪 70 年代，人们在湖北建始和重庆巫山的两座山洞内，先后发现了大量的巨猿牙齿化石，而这些化石的发现地，与神农架同属于秦岭山系，看来历史上巨猿确实在这一带广泛生存过。

那么，会不会存在这样一种可能，巨猿并没有完全灭绝，在进化的过程中，仍然留下了一些残存的种群？传说中的野人会不会就是巨猿呢？

这是根据巨猿的下颌骨复原的巨猿头骨模型。

巨猿头部巨大，和人相比，它的比例甚至超过了 4 倍。那么，这是不是可以说明神农架传说中的野人就是巨猿呢？

对于这一点，同样是古人类学家的黄万波教授却持有相反的意见。

黄万波：“因为它的化石绝种太早了，在50万年或者80万年以前，我认为就绝种了，没有了。”

由于目前发现的巨猿化石都距今年代久远，而且至今仍然没有发现野人的活体标本，所以，巨猿之说，也只是古人类学家对于野人身份的一个猜想而已。

那么，如果这个大脚印不是巨猿留下的，又会是谁的呢？

1967年10月20日下午，美国生物学家帕特森和吉姆里骑马驰骋在加利福尼亚州北部的兰湾山区，突然看到了让他们终生难忘的一幕。帕特森在跑动中开动了摄影机。这是世界上首次拍到的野人影片，历时17秒。

测量脚印

帕特森的摄影短片震惊了全美国，尤其在学术界，更是引起了强烈反响。

但是在2004年，美国一名63岁的老人鲍伯·希罗尼穆斯披露：“当年帕特森拍摄的那个‘大脚怪’根本不是什么野人，而是他穿着一件大猩猩道具服假扮的。”

录像带的拍摄者帕特森已经于1972年去世了，录像带究竟是真是假已无从考证。不过，这倒给我们提了个醒，如果录像可以伪造？那么，脚印有没有可能也是假的呢？

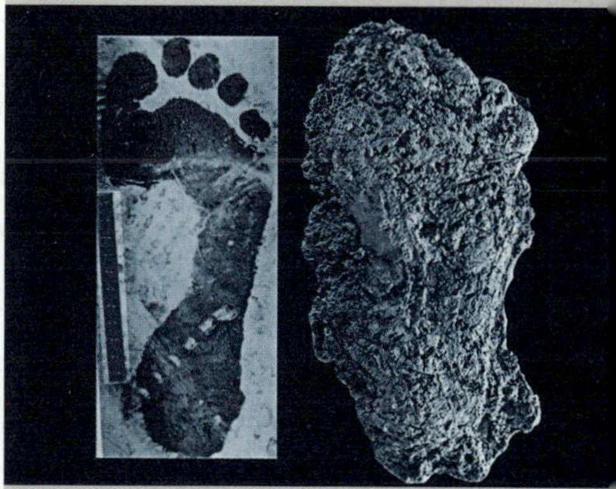
脚印的对比

带着两只大脚印的石膏模型，《走近科学》的记者来到了湖北省武汉市。

郑道利是武汉市公安局刑事侦查局的副局长，公安部的刑侦专家。

带着两个大脚印的模型，我们找到了这位刑侦专家，想请他对脚印的真伪做个鉴别。

那么，看到这样两只大脚印，郑局长会给我们什么样的解答呢？

郑道利："这么大的脚印，它的身高要是按我们现在正常人的判断起码在两米以上。从它的 5 个趾头来看，没有任何东西把它包住，任其长，而且前掌特别宽，特别是 5 个趾头，宽度达到了 18 厘米，力量全在前掌和脚趾，而且脚趾都有抠的痕迹，力量很重，行走起来是有力量的。"

在郑局长的安排下，武汉市公安局的刑侦技术人员对我们带去的这两只大脚印进行了专业拍照和测量。之后，他们把照片输入到了电脑。

将人的脚印按比例放大 1.4 倍之后，我们看到两只脚印重合在一起。

为什么这只大脚印的比例关系与人如此接近？它究竟是真实存在的人脚印？还是造假所形成的假的脚印？

如果脚印是真实的，那么至少可以说明在神农架，的确存在着这样一种长着大脚的动物；但如果有人造假，当一个人穿上两只人工制作的脚模时，也完全有可能踩踏出同样的痕迹。对此，专家将如何解答呢？

郑道利："我测量主要想看看它有没有乳头纹线，如果有乳头纹线的话，人造的可能性就没有。"

乳头纹线就是我们通常所说的指纹，它是身份识别的重要标志，每个生命都有自己独一无二的指纹密码。

专家告诉我们，如果想在人为制造的模具上，也同时制造出指纹，它的可能性几乎是不存在的。

可是，我们分明在大脚印上看到了一条一条的纹线。

虽然这个照片不是很清楚，但是我们大家仔细来观察这个部位，白色比较集中的这个部位。我们看到中间有一些不是特别清晰但能够看到的条纹。这是什么呢？我们当时就在考虑，这是不是就跟我们手指上的指纹是一样的，我们手指上也好，脚趾上也好，这些纹路从我们出生的时候就已经定形了，终生都不会改变的，即便有时候受伤，被火烫一下，被刀子刺一下，但等皮肤恢复了之后，原本什么样的纹路，还恢复什么样的纹路。所以，当我们用放大镜看到这上面一条条纹路的时候，我们非常高兴，这是不是就是长有大脚的奇怪的生

物留下来的脚上的纹路呢？

但是专家说，我们这个想法是错误的。

郑道利："我当时看的时候也发现好像是乳头纹线，后来反复看了以后，发现可能是在提取这个石膏模型的时候处理不当，用比较粗糙的物体在上面清理的时候擦划形成的，不是真正的乳头线痕迹。"

记者在调查

斑羚

由于缺乏专业的痕迹学知识，在拓取石膏的脚印模型后，袁裕豪用小刷子清除粘在石膏上的沙砾，没想石膏没有干透，脚印模型上留下了刷子刷过的一条一条的痕迹。

由于大脚印上所谓的指纹是人为形成的，所以，脚印的真实性引起了大家的怀疑。所谓的野人，会不会干脆就是一个耸人听闻的故事呢？

就在郑道利对大脚印的真伪进行鉴定分析的时候，远在哈尔滨进行毛发鉴定的张伟教授给我们打来了电话。

张伟："你们送检的那个毛发样本结果出来了，是斑羚，一种牛科动物，两方面鉴定都做了，结果是一致的，就是斑羚，斑羚后腿部和尾部的毛都很长，颜色也比较深。"

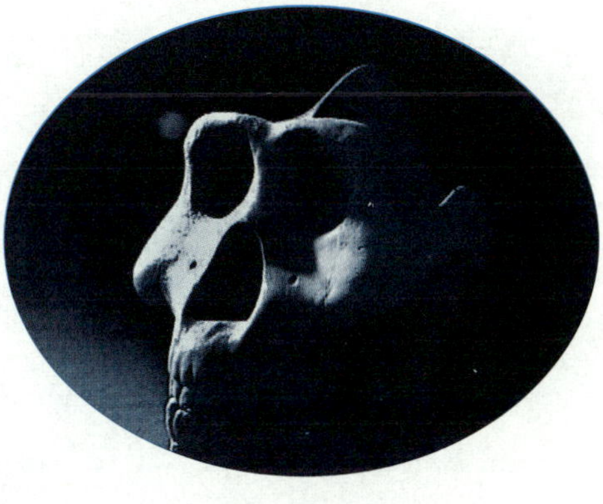

斑羚的头骨

在北京动物园里，我们拍到了这种叫斑羚的动物，这是一种善于跳跃和攀登、喜欢在悬崖绝壁间奔走的动物，在神农架，斑羚有着广泛分布。所以，当地的农民在悬崖峭壁上发现它们的毛发，而误以为是野人的毛发也就不足为奇了。

毛发是斑羚的，那么，脚印会不会也是某种动物留下的呢？

在仔细地测量和分析之后，大脚印上一个拧痕的发现彻底排除了人们心中的疑惑。

郑道利："这个足迹它以前掌为轴心，然后稍微地拧动了一下，拧动以后前边变宽了，后面也变宽了。"

按照郑道利的分析，我们做了这样的推测：

冰天雪地中，一只长着一双大脚的动物行走在一个缓缓的坡地上，它的步幅很大，速度也很快，突然，它的脚下一滑，为了保持平衡，它的右脚下意识地拧了一下。

拧痕的发现使大脚印的真实性得到了确定，那么这个拧痕究竟是人为所致？还是自然形成的呢？

郑道利："拧痕，要是人为去做的话是做不出来的。除非有那么高的人，有那么大脚的人，那样去移动，我认为这个足印是真实的。"

大脚印上拧痕的发现，为脚印的真实性找到了依据；同时，对大脚印的主人到底是谁，谁会在冰天雪地里赤脚行走，作为痕迹学家的郑道利做了如下的猜测。

郑道利："它跟我们现代人的脚印太相似了，比较匀称，符合站立、直立行走的未知灵长类动物，也有可能是生活在山里边的、有这么大脚印的人。"

密林深处，幽灵一般的身影，它扑朔迷离，不断在密林中闪现，让人充满了恐惧，更让人着迷，想看见它的真实面目，那么，这种如幽灵般的动物究竟是人，还是传说中的野人呢？

就跟 UFO 一样，虽然古文献中有多处记载，有类似的现象，有类似的目击事件，但年代久远，不可考，不能拿来作为一个论据；如果能拿来作为一个论据的话，《山海经》里众多奇奇怪怪的生物，是不是都是真实存在的呢？其实这一点，我想大家也都能够理解，科学活动必须要有真实的证据存在，是要经得起检验的，因此，到底有没有野人这个问题，在学界的两派意见当中，对于持否定意见的人来说，他们有一个最有力的武器，那就是抓个活的给我看看，弄个死的给我瞧瞧。但很可惜，即便是三十多年前，我们那次大规模的、耗时 4 年的科学考察活动，都没有找到任何活的或者死的野人，只是找到了毛发、睡窝、粪便、脚印，而这些东西又不足以说明真的有野人的存在，因为这些证据也存在一些缺陷，所以这个问题长期以来就被搁置了下来。但是 1997 年的时候，在我们国家一些颇具影响力的媒体之上，也出现了这样一则消息，中国首次发现与野人杂交的人类后代。

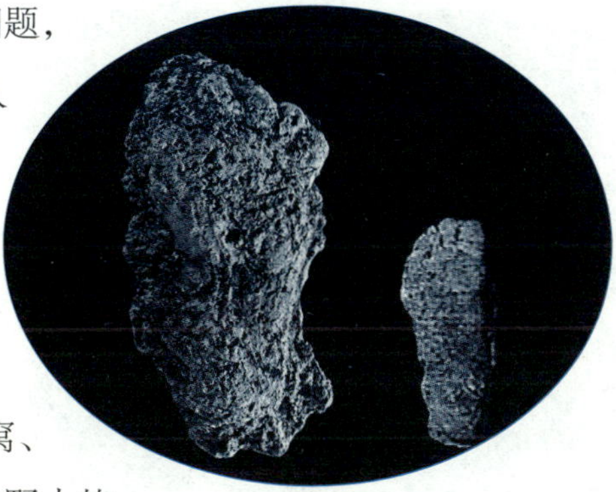

脚印模型

这个消息一公布，引起了轩然大波，找寻了多少年的野人活体没有找到，现在有它的后代存在，能找到这个后代的话，不也同样证明了野人的真实存在吗？

4. 猴娃进入我们的视线

世间总是有一些话题，让我们无论什么时候说起来都津津乐道，比如说野人之谜，在我们国家，比较著名的野人目击报告，一个是发生在青藏高原喜马拉雅山地区的雪人目击报告，再有一个就是发生在神农架地区的野人目击报告。

应该说，从古至今，关于神农架有野人出没的类似文字记载非常多，即便是新中国成立之后，有报告称遇到野人的情况也有三四百起了，在这些接触过野人的人当中，有当地普普通通的农民，也有干部、外来的旅游者，老老少少，什么身份的人都有。那么，通过他们的口述，我们发现一种庞然大物就出现在我们的面前，看起来一定是灵长类动物，像我们人一样，有头颅、有躯干、有四肢，走路方式、行为方式都很像人，但是全身披毛，也没有在身上围个虎皮

猴娃

裙什么的，另外不善使用工具，但是力大无穷，健步如飞，身体状况非常好，冰天雪地都是光着脚丫子满山乱跑。但是这些只是一些目击报告，没有找到确凿的证据，所谓确凿的证据就是说，抓一个活的，或者弄到一具尸体来给我们看一看，这也是持反对意见者一直坚持的观点。虽然三十多年前我们国家进行过一次大规模的科考活动，但是没有找到相关的证据，可是这30年来，虽然老百姓可能不再在意这件事了，媒体也不关注这件事了，但是还有一群非常执着的人，几乎是年年都进行类似的小规模科考活动，但也顶多有过目击事件，或者找到一点毛发、粪便、睡窝，就是没有抓到过活的个体。因此，能不能找到活的野人，就成为能不能证明野人存在的最关键的地方。

也许有的时候，我们可以换一个思路另辟蹊径，1997年，似乎这个另辟蹊径的新的道路找到了，因为很多具有权威性的媒体都报道了这么一条新闻：中国湖北首次发现了野人与现代人杂交的后代。

在1997年10月出版的《羊城晚报》上，醒目地刊登了这样一条消息。

见报当天，这条消息就被多家媒体转载。

人们议论纷纷，难道传说中的野人真的存在？他真的是野人的后代吗？

“野人”是一个神秘的话题，它与“飞碟”“水怪”和“百慕大三角”并称为“四大自然之谜”。

对于分布在世界各地的野人传说，古人类学家做出了这样的猜想。

从猿到人的进化历程早已消失在遥远的过去，而科学家们只能凭借化石，来推测和重现这一过程。但是，由于化石的零碎和不完整，因此在进化链条上存在着缺环。

那么，这个缺环会不会就是传说中的“野人”呢？

然而，这个神秘的身影却仿佛总在和我们捉迷藏，很多年过去了，传说中的野人依然还只是一个神秘的影子。

究竟是捕风捉影，还是确有其实？传说中的野人会不会只是好事者编造的一个神奇故事？谁能揭开这个梦幻一样的野人之谜呢？

就在人们对野人的存在充满疑惑的时候，1997 年突然冒出的这条消息，让大家一下子兴奋起来。

那么，他会是野人的后代吗？

为了寻找事件真相，2007 年初，在湖北武汉，《走近科学》的记者找到了这条消息的原始披露者、现任湖北省野考文化中心主任的李爱萍女士。

李爱萍：“猴娃的事是 1996 年发现的，在整理我父亲遗留的中国野考录像带时，发现了这个信息，有几个镜头，觉得很奇怪。”

李爱萍的父亲李建是中国野人考察研究会第一任执行主席和秘书长，多年从事野人考察研究，生前整理了大量有关野人的第一手资料，但还没来得及发表，1995 年底，李建就因为癌症去世了。

李建去世之后，他的妻子明泽和女儿李爱萍开始整理他的遗物，就在这期间，李爱萍发现了一盘录像带。

这一段画面，起初拍摄者给它起名叫《神农架野人初探》。拍摄的这个人非常喜爱研究野人问题。

我们从这个画面上能够看到，他确实跟我们不大一样，一年四季全身都光着，什么都不穿，而且关键是头部，感觉好像是少了点什么东西，另外你看他这个架势还挺难对付，一般人也不好摆弄出来。当时就有传闻，他是野人的后代，根据是什么呢？他的母亲曾经被野人抓走过，回来不久就生下了这么一个怪孩子。

我们一开始也给大家反复地在讲，现在野人考察中，支持者认为有野人存在，反对者认为没有野人存在，但是反对者最大的武器就是：有本事抓一个活的或者弄一具尸体来给我看，有了他的存在，也给支持者提供了一个非常有力的证据。

拍摄这盘录像带的人叫王方辰，拍摄这个片子的时间是 1986 年，距调查已

猴娃与人的骨架

经过去了几十年的时间了，视频中的人是不是野人的后代，他母亲被野人抓走回来以后生了他，这件事到底是否属实，王方辰又是一个什么人呢？

在位于北京后海附近的一座四合院里，我们见到了王方辰老师。

王老师目前就职于北京生态文明工程研究院，是一位生态学研究者，同时，他还有另外一个身份是中国科学探险协会奇异珍稀动物专业委员会，也就是人们常说的野人研究会的秘书长。

王方辰："我第一次到神农架出差拍别的片子的时候，有人提供了这个线索，人家告诉我，有这么一件事，然后我就到湖北长阳，到了猴娃他们家，拍到了猴娃。"

王方辰告诉我们，1986 年 10 月，当时他在国家环保部门做摄像工作，一个偶然的机会，他到湖北出差，结束工作之后，他决定去一趟神农架。

王方辰："因为要拍一些跟环境保护、珍稀物种有关的片子，我就想到野人的题材，神农架的生态环境正好符合这个要求，我做了很长时间的准备，那时候神农架交通也不方便，资料也特别少，从心理上也没做那么多准备，也没有打算在那拍出什么，带着设备就去拍了。”

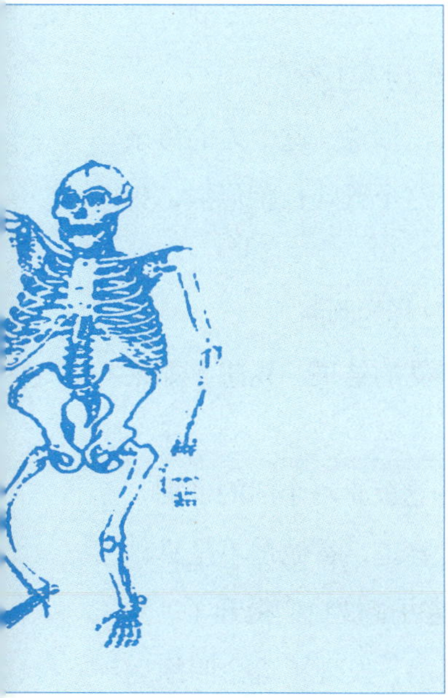
人的骨架素描

神农架位于湖北省西北部，是中国亚热带向温带过渡的地区，亿万年前，这里曾是一片汪洋大海，喜马拉雅造山运动使其变成了高山，成为“华中屋脊”。

由于特殊的地理环境，神农架成为动植物的避难所和栖息地，尤其是野人的出没，更是给这里蒙上了神秘的面纱。

那么传说中的野人存在与否，那些目击者看到的究竟是一种什么样的神秘动物呢？

带着好奇，1986年秋天，30出头的王方辰第一次和同伴孙志勇走进了神农架。

王方辰：“在我没去过的时候我以为全是一望无际的原始森林，基本上看不见人，进树林子以后都看不到原始森林，结果沿途看到的全是农田，树也都是比人的胳膊粗不了多少，稀稀拉拉的次生林。”

神农架的秋天经常浓雾弥漫，公路两旁都是在近几十年内种植的次生林，想象中遮天蔽日的原始森林早已荡然无存。

在这样的环境中，野人如何生存呢？心中充满疑惑的王方辰就这样第一次走进了神农架。

王方辰：“到神农架以后，我采访了当地研究野人的人，研究野人的干部，还有一些目击者，都采访完了之后，就得到一个消息，《神农架报》的一个编辑叫明权，明权说他们的报纸登了一次，在湖北长阳有一个猴娃。”

王方辰：“公安局到长阳那个地方去抓犯人，公安人员一看这有个赤身裸体的人，觉得挺奇怪的，就把形态描述了，我就觉得浑身不穿衣服，个子也比较高的特征同原来中国野人考察研究会的执行主席刘民壮所研究过的‘巫山猴娃’有点类似。”

刘民壮是一位生物学教授，他生前在华东师范大学生物系工作。

在刘民壮的一篇论文里，介绍了一个叫涂运宝的人。据说，这个人的母亲曾经被野人劫走，后来生下了他，当地人都叫他猴娃。这个猴娃长相似猴，相貌奇特。

在对猴娃的遗骨进行了科学鉴定后，刘民壮做出了这样的判断。

王方辰：“他的研究结果表明那个就是野人和人杂交的结果。我想，如果神农架附近有这种还活着的人，那不是更重要吗？”

孙志勇：“我看到这个以后，觉得是一线希望，因为这就是一个活的证据，他真是一个野人后代的话，我觉得肯定有办法给他进行鉴定，看他是不是真正的野人后代。看了之后，真的是非常激动，觉得野人之谜可能被我们揭开了。”

王方辰提到的刘民壮教授，那个时候是在四川的巫山，发现了这个叫涂运宝的人。

据说，他的母亲就有过被野人抢走的经历，导致受孕，回来生下涂运宝。

刘教授当时对涂运宝进行了一些研究，最后给出结论，的确是人与野人，或者说某种类人生物杂交的后代。可惜，刘教授早就去世了，关于涂运宝的一些具体情况，我们已经无从考证了。所以这一次湖北长阳出现了一个类似于涂运宝的猴娃，又给很多研究者带来了新的希望，因为两者之间颇有相似之处，那就是常年不穿衣服，不懂得人的语言，不会说人话，只能简单发几个声音，另外喜欢吃生食，而且力量都比较大。同样，更重要的一点就是，猴娃的母亲跟涂运宝的母亲在当地人的传闻中，都有过类似的经历——被野人抢走过。

长阳是土家族的聚集地，在神农架的南部。根据古籍记载，在历史上这里也曾有过野人出没。

那么，传说中的这个猴娃究竟是不是野人的后代，他的母亲是否被野人劫走？这个野人究竟是什么样子呢？

带着这些疑问，王方辰和同伴孙志勇一路打听，寻找猴娃。

尽管猴娃的故事充满传奇，而且还有可能蕴藏着关于野人之谜的重要线索，但是，由于传播手段的局限，所以，大多数人并不知道这件事。

因为没有猴娃的具体地址，王方辰一行人只好边走边打听，整整打听了两天，仍然没有丝毫的结果。

王方辰："已经找了两天了，我就觉得非常遗憾，因为没有具体的地址，只知道这个事件，问来问去都没有人知道，我们准备往回走的时候，在一个小饭馆里吃饭，吃饭的时候还说，非常遗憾，要是能看到那个人，野人考察可能又有新的突破口，恰好那个老板就是那个村子的村民。"

专家在研究

猴娃的大名叫曾繁胜，正是饭店老板的邻居。

孙志勇："她说这件事我知道，他家离我们家不远，于是大家一下就又兴奋起来了，这真是天无绝人之路，当时让她带路她还不肯去，她说这个猴娃特别野蛮，不穿衣服，而且专门追踪妇女，我是不能去的。后来饭店其他人也不让她去，说你去不好，他见了女的就追，尤其是生人，要是长期在村里住的人倒没关系，外边进去一个女的，他肯定要追，所以都不让她去，还是我们再三请求，又答应回来还是在她这吃饭，她才肯带我们去的。"

猴娃的家在长阳县曾家坡的栗子坪村，由于没有公路，大家只能徒步在山间穿行。

在路上，王方辰和孙志勇从老乡那里听到了这样的说法。

孙志勇："很多人讲，他不是他爹生的，是跟野人生的，野人曾经把他的母亲背到山里面去了，回来之后，这女的就好长时间不讲话，不敢讲话，害怕；过些日子证实怀孕了，生了这个孩子。这个孩子肯定是野人和她一起生的，他们村子里人都是这么一种说法。"

猴娃是野人的孩子！一路上，大家都听到村里人这么说。听到得越多，心里就越充满了期盼。

在王方辰及孙志勇的叙述中猴娃的形象逐渐清晰起来。

“一看到我们之后，他马上就尖叫起来了，同时从地上抓起石头就向我们打，他打石头的样子挺滑稽的，因为我们人扔石头是从上往下，投掷过去的，他不是，他从地下拿一块石头之后，是从下往上丢过去的；

我一看到他心里就怦怦地跳，连拿摄像机都有点抖。

我觉得他跟我们现代人是有区别的：

头比我们正常人小一些；

脑袋上有 3 条棱；

肩胛骨比较高，两只胳膊比较长；

手明显要长一块；

走路的姿势老是半弯着腰，肩是耸着；

晃晃悠悠，虽然晃晃悠悠但是挺快的；

他没有语言，一点我们人类的语言都不会；

单音节重复，啊，啊，就是这样的声音。

他肯定是一个非正常的人，可能还真是人猿杂交的结果。

猴娃一年四季不穿衣服，而且一天到晚就是在林子里闲逛，你也不知道他到底干什么去了，可是他自己每天玩得挺开心，晃晃悠悠地长到三十多岁了。

在这种情况下，他的种种生活习惯表现出来，人的特性是少了一点。你想，他高兴的时候，会叉着巴掌这么拍，谁会这样啊？生气的时候，像猩猩一样，这个动作，就更加原始了，拍自己胸脯。很多人都相信，他肯定是野人的后代。”

真实的结果必须要经过科学的证明才能有一个准确的论断，这件事情最后的结果又是怎样呢？

5. 猴娃去世了

猴娃的消息一被报道出来之后，很多人都是抱着一种好奇的心态去看他，难免也会心里打一个问号，真的还是假的？他真的是野人的后代吗？他母亲被野人抓走以后生下他这件事，是不是真的？但是对一些进行这方面研究的人而言，多年以来终于盼来了一个有价值的消息。

无论老百姓还是研究人员都非常感兴趣，大家的焦点也都集中在了一个问题上，猴娃是不是野人的后代呢？

在位于北京后海附近的一个四合院里，我们见到了猴娃录像的拍摄者王方辰老师。

猴娃的小名叫犬子，大名曾繁胜，已经30岁了。猴娃不会说话，只能喊出几种简单的声音。

更让人惊奇的是30岁的猴娃从小到大，无论寒暑，从来都是赤身裸体，却从来也没有生过病。

录像中怀抱孩子的就是猴娃的母亲，对于突然到来的王方辰等人，她三缄其口，一语不发。而猴娃的父亲也始终不肯面对镜头，对于这一点，和王方辰同去的孙志勇记忆犹新。

孙志勇："我们进去后就喊，可以进来吗？可以在门口吗？我们想跟你聊聊可以不可以？半天不出来人，然后他父亲出来，隔着门跟我们说了几句话。我们把准备的礼物送给他之后，才让我们进去坐下，坐在院子里面。他母亲对我们的到来很不高兴，很不喜欢我们。"

走访村民

对猴娃身世的回避更增加了大家的好奇心，难道他们真的有什么难言之隐？

在与猴娃父母的交谈中，猴娃开始接

近大家。这个时候，王方辰才有机会仔细地观察他。

王方辰：“赤身裸体，脑袋很小，个子也显得高，胳膊长，他老是半蹲着。”

孙志勇：“另外，他身子的肩胛骨比较高，两只胳膊比较长，我们人的手伸下去也就到胯骨以下，他的手甚至能到膝盖，非常长，而且走路姿势老是半弯着腰，肩耸着。”

除了个子高，手臂长以外，猴娃的手脚也都很大，而且在他的头骨上方，大家还看到了3条明显的突起。

大约在600万年前，长臂猿、猩猩、黑猩猩、大猩猩等现代类人猿和人类有一个共同的祖先，他们都是由古猿分化出来的。

在大猩猩的头骨标本，有这样的一块骨头，它叫矢状脊。

矢状脊是大猩猩、黑猩猩、猩猩以及长臂猿区别于人类的特征之一，而人的头颅经过进化，矢状脊早已经消失了。

为什么这个猴娃的脑袋上会有类似于矢状脊的突起呢？而且不止一条，这3条棱到底是不是猩猩才有的矢状脊呢？

王方辰：“对那个棱子我印象特别深，因为我们的老师都是古人类学家，曾经讲过，猿进化到人头顶上面那个矢状脊退化特别厉害，因为在猿的时代要咀嚼粗纤维，所以脑袋上有一个片，肌肉挂在那上面，为了有很强大的咀嚼力量；而人由于后来吃的食物越来越细，用不着那么大的咀嚼肌了，头顶上的矢状脊慢慢退化了，基本上就没有了。可是看到他脑袋上有3个棱子，我就想那不是介于猿和现代人中间的那个过程嘛。”

矢状脊是人类区别于其他灵长类动物的特征之一，现在，在猴娃的头上也看到了类似的特征，那么，这是否能够说明猴娃不是人类呢？

除了脑袋上明显突起的3条棱以外，在猴娃的身上，王方辰还发现了另外一些奇怪的特征。

王方辰：“人的锁骨是一字形，横的，他的锁骨跟猿的一样，是一个V字形，特别突出。”

猴娃的锁骨呈V字形，而人的锁骨相对较平，难道这V字形锁骨是猴娃区别于人类的又一个骨骼特征吗？

王方辰："我觉得可能他还真是人猿杂交的一个结果。"

猴娃长相非常奇特，而且他的行为举止根本就不是人类所应该具备的。最让人感到可疑之处就是他头上有非常明显的3道隆起，也就是我们说的矢状脊，这一点跟类人猿，比如说猩猩、大猩猩，实在是太相像了。所以王方辰他们才说，这个猴娃有可能是人猿杂交的后代。

打开猴娃的墓穴

可是刚才我们就说了，猴娃有可能是野人和人的后代，这个时候怎么又扯出来猿这个概念呢？

我们说人类是由猿进化来的，这点想必大家都可以认同。六百多万年前，古猿开始进化，开始分类，一部分就形成我们现在的人类，当然这中间还有其他的过程，另一部分就进化成了现代的类人猿，分成长臂猿、猩猩、黑猩猩、大猩猩。

现代灵长类生物和我们人之间是有非常近的血缘关系的，准确地讲，它们和我们之间是堂兄弟的关系；从进化的角度讲，我们和它们还是有相当距离的。在古人类学的研究过程中，也有一些学者认为，也许人类和现代类人猿之间应该还有一个中间物种的存在，否则的话，这两个距离这么远，一个太高级，一个相对而言又太低级，它们中间应该有过渡类型。这个过渡类型也许就是我们所说的野人。因此，王方辰们讲的人猿杂交和我们说猴娃可能是野人后代，实际上是一回事。

1956年8月，在我国的广西柳城，古人类学家裴文中先生发现了3枚动物的下颌骨化石。

根据推测，这3枚与人相似的下颌骨化石来自于60万年前的一种古猿，这是一种介于人和猿之间的高级灵长类动物，其身高超过两米，被科学界称之为“巨猿”。

黄万波：“在东亚发现的化石中有一种化石叫巨猿。最早的时候，一个荷兰古生物学家在香港找了几个牙齿化石，认为这个牙齿可能是来自中国的内地。新中国成立以后，裴文中先生就带着我们一块到了广西，一定要想办法把这个巨大的牙齿地点找出来。在1954年到1958年之间，真就找到了巨猿化石，像著名的广西柳城巨猿洞，有3个完整的下颌骨，一千多颗牙齿。至少作为牙齿来讲，比我们人要大，至少大3/4，说不定还要多，当时就取了个名字，就把它叫巨猿了。”

采访中

相对于现代类人猿，也就是长臂猿、大猩猩这些动物，巨猿和人类的亲缘关系似乎更为密切。然而在大约20万年前，正当巨猿鼎盛发展的时候，古人类学家发现它们却突然神秘地消失了，但这似乎并不符合物种进化发展的一般规律。那么会不会存在这样的一种可能，历史上的巨猿并没有完全灭绝，而是顽强地生存下来，活到了今天？那么，传说中的野人会不会就是曾经在历史上存在过的巨猿？猴娃会不会是巨猿的后代呢？

挖掘现场

成功地拍到猴娃，王方辰特别兴奋，他觉得自己从猴娃的身上找到了与野人直接相关的信息。一回到北京，他就迫不及待地把拍到的录像，交给了中国科学院的古人类学家们。

那么，古人类学家会给出一个怎样的答案呢？

袁振新是中国科学院古脊椎动物与古人类研究所研究员，是一位古人类学家。

2006年11月，已经退休在家的袁教授，给我们回忆起他最初看到猴娃录像时的情景。

袁振新："很惊奇呀，就是不穿衣服，冬天下雪天也不穿衣服，不会说话，好像头上还有一块肉疙瘩，矢状脊就是这样，这是猿类特有的嘛。可是身体像人，他说是不是野人跟人的杂交啊，所以拍了录像拿回来给我们看。"

袁振新："我们人的脑袋从耳朵以上都很高，像个小的排球型，猿人是一个馒头型。那么他呢，看着脑袋小，面骨很正常，牙齿跟人相似，但是从耳孔往上很矮。我说这个就很稀奇，但是我觉得不能下结论，要下结论的话就要采血液，做DNA分析，如果有猿的成分被分析出来，猿跟人的杂交结论就定下来了。"

DNA是一种遗传物质，所有生命的遗传奥秘都藏在DNA中。

如果可以对猴娃和他父亲的血液进行DNA鉴定，那么，猴娃的真实身份就可以得到确认。

但是在采访中，我们却了解到，这个原本可以揭开猴娃身份之谜的关键性工作并没有进行，这又是为什么呢？

王方辰："当时没有这个技术手段，把血样采回去以后，如果不冷冻，回去以后就变质了，当时也不像现在交通这么方便。"

袁振新："那我就说这个东西咱们先不要发表，先进一步调查研究以后再说。后来因为他搞别的事情去了，这件事情就没追查下去，就搁在那儿了。我那儿保存一盘录像带，他保存一盘，给李建一盘，后来李建的女儿整理她父亲的资料，看到这盘录像带，就做了一个光盘，在光盘的面上，就说野人跟人杂交的后代还活着。"

李建是中国野人考察研究会第一任执行主席和秘书长，李建因为癌症去世之后，他的女儿李爱萍在清理父亲的遗物时发现了这盘拍摄着猴娃的录像带。

于是，猴娃第一次被公众所知晓。

猴娃事件被媒体曝光之后，野人的话题一时间又成为大家关注的焦点，为了对猴娃的身份做出科学的结论，袁振新教授决定亲自前往湖北长阳采集猴娃和他父亲的血液样本进行DNA鉴定，但这时大家却得到猴娃已经去世的消息。

曾庆和是猴娃一家的亲戚，他向我们讲述了猴娃曾繁胜去世的原因。

曾庆和："病死的，拉稀。没有生过病，按科学说就是食物中毒。"

食物中毒要了猴娃的命。

在父母相继去世之后，从来没有生过病的猴娃也倒下了，上吐下泻，没有多久他就死了。

猴娃死了，但猴娃的身世之谜并没有尘埃落定。

王方辰："结果到他们家以后，得知猴娃已经不在世了，到那里以后我们就想办法把他的遗骨挖出来进行有效果的研究。"

由于猴娃和他的父母都已相继去世，原定采集一家人血液样本进行DNA鉴定的计划只能重新修改。

几年后的12月18日，由古人类学家袁振新带队的调查组，来到了大山深处猴娃的家，大家开棺验尸，将对猴娃的身份进行确认。那么，这次考察能否揭开猴娃的身世之谜呢？猴娃又和野人有什么关系呢？

我们有一句古话，盖棺定论——人死了，入土了，棺材盖盖上了，你才能给他下一个比较准确的评语。

可是纵观历史上的很多人物，也许真的有些做不到盖棺定论；事情在发展，历史在发展，如果搁到一个相当长的历史范围来看，盖棺定论这句话本身也有一些歧义。就拿猴娃本身来说，猴娃已经死了，但是他死了之后，我们怎么才能知道关于他身世的传说是否真的有根有据呢？

有些人说，你们为什么不直接问问他母亲呢？王方辰曾经告诉过我们，无论是他还是同去的老孙，去找这家人的时候，猴娃的父母对自己是否曾经被野人抓走过，始终采取一种回避的态度。正是这个回避的态度，让本来简单的问题变得更是让人难以理解了。猴娃已经死了，想要检测出来他身上是否有所谓的野人基因的话，看来是太困难了。那么，猴娃的身世究竟能不能够通过科学的手段给一个准确的论断呢？

6. 猴娃其实是一个小脑症患者

猴娃的家坐落在大山深处，这是一个只有十来户人家的小村子，村里人都是土家族。

来到了这里。

猴娃的大哥曾繁龙接受了《走近科学》的记者的采访。

曾繁龙："他小名叫犬子，在手心里都有毛，有半寸长，黑色的，脚板心也有，屁股后头也有。"

这是猴娃家的老房子，一家人在这里生活了四十多年。

在采访中，我们了解到，猴娃一共有6个兄弟姐妹，他排行老四。

这是猴娃的弟弟曾繁明。

曾繁明："他高兴就这么一拍，不高兴就是这样，生气了。"

猴娃一家，除了猴娃长相奇特、行为怪异以外，其他的孩子都很正常。

猴娃的大哥曾繁龙还曾经是村里的干部，在老乡中有一定的威望。为什么一家人里只有猴娃和大家明显的不一样呢？

袁振新："当时直观的感受就是他们的家是一个很正常的家庭，不是有遗传病。我问是不是近亲结婚，他们说不是，他兄弟姐妹都很聪明，都是很能干的人。有的当大队书记，有的当电影放映员，也很漂亮，一表人才，就这个是'畸形'。"

长阳在长江的南岸，这里山多林密，与盛传"野人"的神农架相比邻。

长阳不仅是旧石器时代长阳人化石的发现地，而且离"巫山巨猿"化石出

猴娃

土地也不过几十千米。

在史料中，当地曾出现过“野人”的记载，并有与“野人”杂交的古籍记述，那么，这个猴娃会不会就是一个人猿杂交的实证呢？

袁振新：“他母亲怀孕的时间大概是1956年，高级社时期，他们那个地方周围已经没有原始森林，而且村跟村之间很热闹，也没有闹过野人，没有发现过什么野人，长阳白氏坪那里也没有野人生活和活动的情况。他母亲的活动范围就在这个附近，她娘家离得也很近。所以我们经过调查认为，不存在他母亲被野人抓走的事情。”

历史上长阳曾经森林茂密，植被丰富，有着适合野生动物生存的条件，同时古籍中也有人与野人杂交生育的记载。但是，随着人类的发展，大片的原始森林被破坏，导致依赖森林生存的动物数量不断减少，甚至灭绝。

如果野人长期生活在原始森林里，那它可能也遭遇到了同样的危机——如果这种传说中的动物真的存在过，那么它或许也随着森林面积的减少而迁徙或者灭绝了。

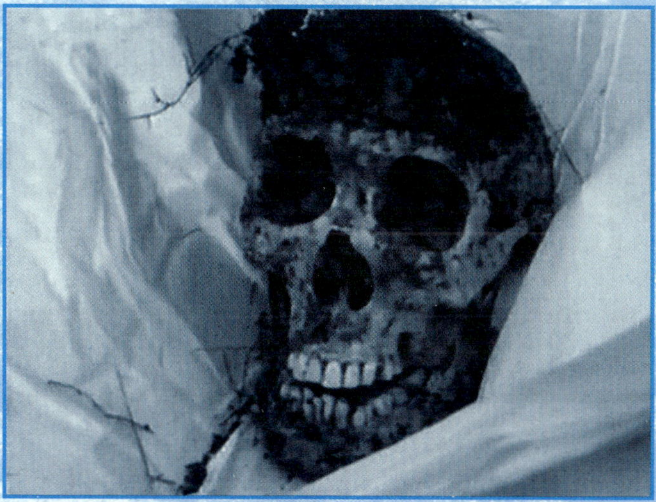

猴娃的头骨

可是，我们看到的这个猴娃，他的的确确和常人有很大差别，他既不是近亲结婚的产物，他的家乡也没有野人藏身的条件。那么，为什么会有他母亲曾经被野人劫走的传闻，猴娃的样子又怎么会那么奇怪呢？

随着调查的一步步深入，猴娃的身世之谜愈加扑朔迷离。

猴娃生病已经辞世。那么，该怎样揭开猴娃的身世之谜呢？

袁振新：“死了怎么调查呢？调查他的骨骼嘛，骨骼可以做 DNA 呀，另外可以测量。所以我们去了以后，就给他们家人做动员，说我们做科学研究，另一方面，有人说他是你母亲给野人掳去生的，对于家属的名誉很不好。所以他大哥就同意了，他弟说作为科学研究，我们愿意出一份力，我

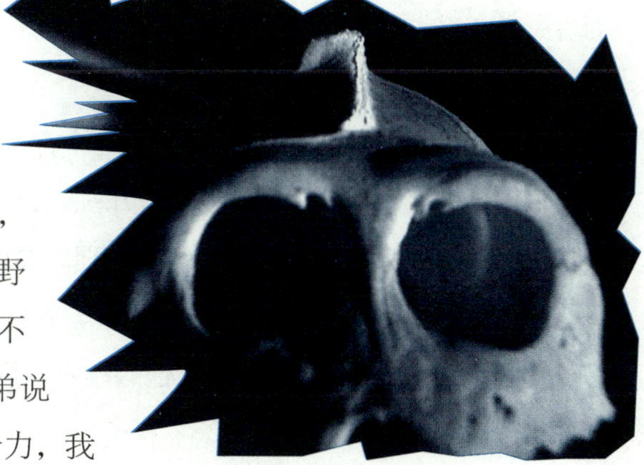

头骨

们愿意贡献出来。这样商量好就去挖了。”

征得猴娃家人的同意，袁振新教授带领的调查组沿山路向东，来到了埋葬猴娃的小山坡上。

袁振新：“因为他们是土家族，所以趁天还没亮，不让村里人知道，就去挖出来。”

王方辰：“我从来没挖过别人的坟，我的心里也是说不出来的一种滋味，我们挖的时候，离他去世有七八年了，那个地方又是一个阴坡，我觉得水分可能比较大，我估计早就腐烂了，恐怕还会有一点味道。”

在猴娃去世 8 年之后，由中国科学院古脊椎动物与古人类研究所的袁振新教授带队的调查组来到了猴娃的家，他们即将打开猴娃的棺椁。这里面真的埋藏着什么秘密吗？

王方辰：“一个很完整的、里面没有一点土掉进去的猴娃的尸骨出现了，他的衣服因为用的是涤卡布，涤卡布完全是涤纶的，是不腐败的，衣服是非常完整的，袜子是尼龙袜子，也没有腐败，但是裤子是用棉布做的，裤子没有了，股骨、肱骨都很整齐地放在棺材里边。”

这具仰卧的尸骨就是猴娃，他的头别扭地挤靠在棺材的一角。

王方辰：“脑袋慢慢活动活动就拿起来了。一看，他的头骨就像椰子壳那么大，上面有好多菌丝，黑颜色的，碎的，细的，好像以前看到的他脑袋上的棱没有了。我当时觉得脑袋上的棱好像是硬的，里边有骨头，因为猿的脑袋上面有一条矢状脊。结果打开棺材一看，他没有矢状脊，就是脑袋很小，上边什么也没有。”

王方辰一开始怀疑猴娃脑袋顶上这个很明显的 3 道隆起，可能是矢状脊。应该说矢状脊在其他动物身上，比如说在大猩猩的头上，我们能够看到，它的颅骨上面有一块骨头是突起的，像黑猩猩、猩猩身上都有，甚至是老鼠、老虎、狗熊也有；但是我们人在进化的过程中，这些东西已经不存在了，我们的颅骨是非常圆润的。开棺的结果发现，他的颅骨上面并不存在人们想象中的矢状脊，这是为什么呢？

这里是中国科学院古脊椎动物与古人类研究所。

挖掘出来的猴娃遗骨经过清洗之后被送到了这里，专家们按顺序拼出了猴娃骨骼的结构形态。

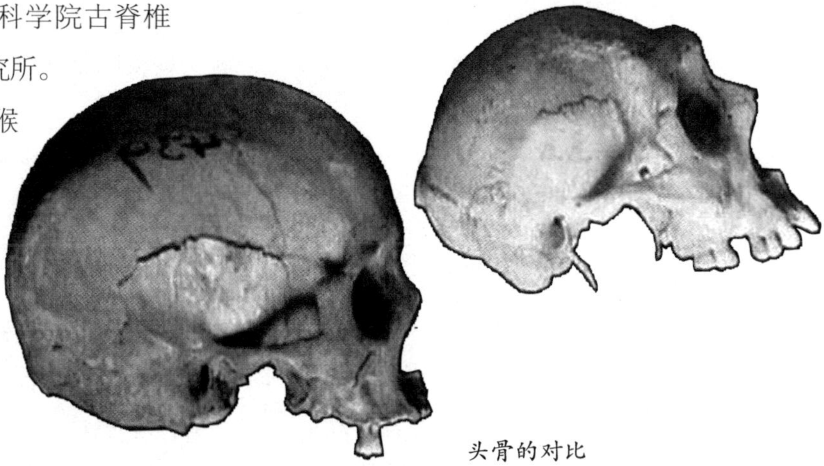

头骨的对比

张振标教授是一位体质人类学家，在对猴娃的遗骨进行测量和分析以后，他得出了这样的结论。

张振标：“最显著的特点表现在头骨上，这个头骨很低，眉弓很粗壮，最主要是颅缝——矢状缝、冠状缝过早地愈合，这样一来整个颅骨限制了往大、往高发展，所以这个头骨很低，很小。”

袁振新：“经过贾兰坡、张振彪教授的测量，猴娃的脑量只有不到700毫升。”

大脑是一个让人迷惑的器官，是人身体的控制中枢，也是人智慧的所在。

婴儿刚出生时，大脑的重量仅有350～400毫升；1岁左右的幼儿，大脑的重量达到出生时的两倍，也就是700～800毫升，相当于成人大脑重量的一半；正常人的脑容量一般为1 400～1 450毫升；而猴娃的脑容量只有671. 97毫升，连正常人的一半都不到。

那么，是什么原因导致猴娃的脑容量如此之小呢？

袁振新：“人生出来后骨头都慢慢长，长到一定程度就不长了。我们小孩的脑袋要从产道里出来很难，所以他的骨头是可以插起来的。生出来以后，前面有一个孔点，后头有个孔点，骨头没长满，就是前囟点，后囟点。猴娃这个小孩，后来分析，他是骨缝早期愈合，就是脑量700毫升的时候就愈合了，正常人平均要到1 450毫升才愈合。700毫升的话，恐怕是胎儿时期了，不是婴儿时期，因为婴儿一出生脑量就有一千多毫升了。”

由于年代久远，当时和袁振新教授一起参与猴娃研究的著名古人类学家贾兰坡和张振标都已相继辞世，所以我们只能从袁教授提供的录像资料里，看到一些当时鉴定工作的片段。

专家们在对猴娃的骨骼，尤其是头骨进行了各项专业的测量分析之后，给出了这样的答案。

袁振新："一做鉴定，他的肢骨跟人类一样很正常，身高 1.7 米左右，面骨也很正常，就是头骨不正常，骨缝早期愈合，脑量 700 毫升时就愈合了，骨缝长牢了，大脑不能再长了。所以他的语言功能也缺失，这样一来就是一个白痴嘛，但是行动能力还很好，行动很正常。我们人的脑袋是排球型，1 400 ~ 1 500 毫升，他的脑量 700 毫升，只有一半嘛，尤其是没有头皮，只有头发了，那骨头一看很小，肯定是小脑症。"

小脑症又被称为小头症。

正常婴儿的头围是 33 ~ 35 厘米，由于囟门没有闭合，所以婴儿出生后，尤其在出生的 6 个月内，他的头围会快速地增加，到 1 岁时，孩子的头围会长到 47 厘米左右。如果婴儿头部的囟门闭合过早，不仅头围无法正常发育，同时也限制了脑容量的增加，因此就会造成小脑症的发生。

猴娃的脑袋很小，脑容量只有正常人的一半，经过专家鉴定，猴娃最终被确定为小脑症患者。

被传得沸沸扬扬的猴娃是野人后代这件事情，到现在可以说是尘埃落定。专家们给出的意见说，猴娃其实就是一个小脑症患者。正是因为脑容量非常小，只有 700 毫升，所以他智力低下，没有语言功能，无法正常表达自己的喜怒哀乐，这是正常的。

那么猴娃脑袋上的 3 条隆起，该怎么理解呢？专家们告诉我们说，正因为他的囟门闭合得非常早，骨头虽然不再长了，但是皮肤和肌肉组织还在不停地生长和发育，这样一堆肉、一堆皮肤组织挤在一起，形成了这种褶皱，上面长满了毛发之后，看起来像矢状脊，这就是其中的原因。

但是猴娃身上有没有奇特之处呢？有没有用小脑症无法解释的地方呢？也

有！比方说，他的锁骨和正常人发育得不大一样，再有就是他的牙齿排列，比如他的臼齿，就是他的大牙，按我们正常人讲应该是第一大于第二，第二大于第三，但他跟我们正好相反，这一点和猿是一模一样的。

因此，对于猴娃，还存在着需要进一步解释的问题。很多人可能也能想到，为什么不进行 DNA 检测？

我们说，从第一次人们拍摄到猴娃画面，到真正被媒体发现，中间经过了整整 10 年，再次去他们家考察的时候，猴娃和他的父母亲都相继去世了。

而等真正想进行 DNA 检测的时候，能够进行样品比对的就只剩下他的兄弟姐妹了。他的兄弟姐妹提供的 DNA 虽然跟他有接近的地方，但是只能进行横向比对，无法从血缘上也就是他父母这代直接跟他进行比对。因此，已经丧失了一个非常好的机会了。

关于 DNA 检测，依目前的技术条件来看，实在是无法进行下去。

不管怎么说，现在很多科学家们都认为：第一，猴娃是小脑症患者；第二，他的骨架标本极具继续研究价值。

当年古人类学家贾兰坡先生也曾经见到过猴娃的头骨，他也表示这个头骨很有意思，很值得继续研究下去，目前猴娃的骨骼模型依然保存在中国科学院。借助一些先进的技术知道猴娃更多的秘密，这是我们的希望。我们也希望野人之谜能够终究大白于天下。

（张世敏）

元宝山野人调查

关于元宝山“野人”的报道，最为离奇的莫过于良双村的贾志现被野人抓走一天一夜的事件。事件的报道出自三江县离休干部马贤之手，他也是唯一与贾志现见过面的调查者。报告中详细地记述了野人抓人的经过，却留给了我们许多疑问。在马贤的带领下，记者赶到了事件发生的村子，居然见到了当年被“掳”走的当事人贾志现。令记者感到意外的是，贾的叙述与当年的采访手记大相径庭，一桩神秘的与野人遭遇事件变成了一场让人啼笑皆非的闹剧。这究竟是怎么回事？记者深入调查，物证还在，而贾志现妻子作为人证，她的证言让我们发现了问题。专家亲自进行核对，现场否定了这起著名的野人目击事件。前后不同的叙述让马贤感到失望和迷惑。尽管如此，贾志现认定确有此事，记者定要弄个水落石出。

1．我被野人“掳走”

这是一次关于广西元宝山野人的调查行动。目击者提供，它披着长毛，有着宽大脚掌；它生活在远离人群的崇山密林之中，但踪迹却屡屡被人发现；它曾经潜入村民的木屋；它曾经掳走当地村民；它，究竟是荒野怪物，还是人类近亲？

大家都知道，在我们国家野人目击报告时有发生。比如最近，神农架地区又有人看到了野人，而且是在公路上距离非常近。喜马拉雅山的雪山附近，又有人在雪地上看到了类似于人脚踩出来的脚印。可以说，我们国家应该是世界上野人目击报告比较多的。但是我们这次把目光聚焦在了哪里呢？既不是喜马拉雅山地区，也不是神农架地区，而是广西的九万大山。我们从镜头上看见的就是九万大山当中的元宝山，这个地方关于野人的传说由来已久，往上追溯，有很多很多年，在当地有太多关于野人的传说，我们甚至听说，有人说自己曾经被野人抓走过，手拉着手狂奔了一天一夜。很多事情被笼罩在层层迷雾之中。

元宝山脉发源于贵州省，由兰坪、元宝、荣地及无名峰这四大山峰组成，由于这里重峦叠嶂，人烟稀少，水源、植被丰富，现今尚存有多种国家级保护动物、植物。几百年来融水苗族整体就生活在九万大山这样一个区域里面。

云雾笼罩的良双村

若干年前，一个爆炸性的消息从这里传出来，元宝山当地一个叫贾志现的村民被野人掳走了！而最先报道这个消息的就是相邻的三江侗族自治县的一名宣传干部。

马贤今年72岁，从年轻时候起就对野人的话题很感兴趣，这位有着二十多年“野人”调查经历的苗族老干部，收藏有各式各样的野人资料，其中还有他正准备出版的《元宝山野人调查》一书。

马贤告诉我们，当年他到元宝山考察的时候，一个意外的情况引起了他的注意。

马贤（原三江侗族自治县宣传干部）：“我先到村主任那里问，我要考察野人，你们这里有什么线索？他就提供情况说，我们这里有一个人被野人拉去过，后来我了解到这个人在牛塘寨。”

从融水县城去元宝山的路途非常遥远，经过3个多小时的长途跋涉，才到达了采访地——红水乡牛塘寨的良双村。

贾志现描述的“野人”

良双村是元宝山西北边上的一个偏僻山寨，与贵州的地界只是隔了一座大山。我们同马贤一起见到了那个传说被野人掳走过的人——贾志现。

贾志现高中毕业以后就在村子里做事，当过村委会主任。他性格内向，平时话不多，很少与人争吵，现在带着妻儿和母亲一起生活。

贾志现向我们讲述了当时的情况。

那年8月的一天，贾志现到山里去割草，快到中午的时候，一件奇怪的事情发生了。

贾志现：“我正在割草的时候，听见什么东西响了一下，我的思想就有点迷迷糊糊的，有一个人拉我的手，还有一个人在一旁，挣也挣不脱，喊也喊不出来。”

有一高一矮两个人形的动物拉起了贾志现就走，这时附近还有人经过，但是他们似乎并没有发现这里的情况。

贾志现：“看着像人的，有时候又好像不像人，就拉我走，说话好像听见又听不见，好像听懂又不大懂的样子。”

这时候贾志现似乎被人拉起右手一路飞奔了起来。他回忆说，他努力挣扎，坚持不离开这个村子，就在这时候那个拉他的野人说话了。

贾志现：“‘你要跟我走，你在家里你妈骂你，你就跟我走’，他跟我说。”

记者：“您跟您妈妈吵架后到山上去割草了？”

贾志现：“那时候我跟我妈吵架，它们说你妈不要你了，你跟我们去吧，我们那里有好多人呢，就是这样子说的。”

从贾志现和他母亲所陈述的这个故事，我们发现这母子俩的关系并不是很好，应该说经常会为一些日常生活中的小事吵得不可开交，尤其是老母亲，似乎对贾志现有很多的不满意。但是当着我们外人，话又不能说得太深。母子俩之间的不和，到了贾志现这里，反倒成了野人把他抓走的理由，看来这个野人比一般的青天大老爷强。为什么呢？我们说清官难断家务事，看来野人还挺喜欢管闲事的，但是事情恐怕真的不是这样。

据贾志现说，野人像施展了隐身术一样，周围人根本看不到他。

记者：“周围人看不到你？”

贾志现：“看不到，人家看不到的，我们有熟人到那里去呀，我想喊他们喊不出来，他们也不知道我在那里。”

记者：“它个子有多高？是什么样子的？您跟我说说。”

贾志现：“个子也和我们差不多，比我们稍微矮一点。”

记者：“比我们稍微矮一点？”

贾志现：“好像这地方都是毛毛的。他的嘴好像比我们宽一点，那个牙齿露出来，好像一排一排的，比我们长一点。”

在贾志现的描述中，野人的个子并不高，还戴着礼帽，他被野人抓住后不由自主地跟着跑，几次都险些跌倒。根据他的描述我们请当地的画家画了一幅野人像。

罗永鸿毕业于广西艺术学院油画系，从事美术教学工作多年。他接受了这次画像任务，但在下笔之前他却感到十分为难。

古人类学家对贾志现的话有怀疑

罗永鸿（融水苗族自治县文化馆馆长）：“考虑了再三还是不知道怎么画，这也是我搞美术工作以来，接受的比较困难的任务，它没有原形，画起来比较吃力。”

罗老师根据贾志现的描述，画出了野人画像，但心里却有说不出来的感觉。

罗永鸿：“画了个四不像，那个原形既要戴礼帽，又像个猿人的样子，感觉确实有点奇怪。”

罗老师猜想，这个人不像人、猿不像猿的怪物，是不是神话里面的东西呢？贾志现告诉记者，那两个野人带着他穿过了不少村寨，跨过了很多高山。当询问起贾志现，野人为什么会带走他的时候，他的回答出乎我们的意料！

贾志现：“它说你跟我们在这里吧，给我们当个官吧，它这么说。我说不行，我要回家。”

记者：“他们让你在这里当官？”

贾志现：“所以我说不当，我要回家。”

仔细分析一下，就发现贾志现的这个目击报告存在着太多不合理，比如他说野人带他跑的速度非常快，几乎一会儿的工夫就把几个山寨全转完了。我们说，就算让他骑着猎豹跑的话，估计这点时间也不够。另外，当我们再听到贾志现说野人说你干脆别走了，留在我们这当头儿、当干部吧，这简直就是现代版的《水浒传》里面的啸聚山林嘛，怎么会是野人与人之间的一种交往的方式呢？我们又纳闷，贾志现为什么这么说呢？马贤也告诉我们说，这不可能啊，这跟他十几年前告诉我的情况完全不一样。

马贤十几年前曾徒步到这个村访问过贾志现，并且写了报道，他认为这次贾志现描述的野人相貌与过去描述的并不相符。

1994 年当地一份报纸曾经记述过马贤的采访：当年马贤拿出他画的野人画像给贾志现看，贾志现看后十分肯定。但这次贾志现描述的野人却又变成了戴礼帽的样子。

马贤："我发现他今天所讲的情况有很多不可能存在，他讲的是被野人拉去了，到梁寨、到洞头，这里离梁寨、洞头是很远的，都是在贵州，像今天他所说的情况是不可能存在的。"

贾志现的描述更像是梦境。他说，自从被野人掳走以后他一直想办法逃脱，为了去留问题他和野人之间还发生过激烈的争吵。

贾志现："那你不跟我们去了吗？它这么说，我说不去不去，我就大声喊起来，跟它们争吵起来，它们就这样把我丢在那里，我回头一看，它们就不知道到哪里去了。"

贾志现说，第二天傍晚他才回到家里。他的妻子告诉我们，那天贾志现回来以后，口中胡言乱语，为他擦洗身上他都不知道。

在采访中我们发现，贾志现所说的失踪天数和他的妻子所说的有很大出入。

记者："你的丈夫失踪了是一天一夜吗？"

贾志现的妻子："出去了 10 天才回来，以为他去走亲戚了，他到家的时候才知道，他去的时候不知道。"

记者："他走了 10 天？"

贾志现的妻子："10 天！"

这究竟是怎么回事呢？随我们同行的周国兴教授亲自询问了事情的经过。

周国兴是著名古人类学者，长期从事古人类学、史前考古学的研究和野外考察，对中国野人考察研究也已经四十余年。听到贾志现充满传奇色彩的故事，他也觉得不可思议。

周国兴（北京自然博物馆研究员）："我听你讲的好像是当天跟它们走了以后，第二天回来的？但是你老婆说你走了 10 天以后才回来，怎么回事啊？"

贾志现："她不知道的，这个晚上我们是吵架的，吵架以后到差不多天亮我就出去了。"

马贤关于野人的手稿

周国兴：“是10天还是两天呢？”

贾志现：“没有10天，她乱说。”

周国兴：“他讲的没有具体形象，完全是虚幻的东西，这个也不像，那个也不像，但是描述出来，又像神话，只要他走，前面就有路，回过头来后面就没有路了，而且给你戴上帽子，别人就看不见你了，你能看见别人，这些东西已经完全失去了野人目击者的基本要求。”

贾志现描述的情况出乎我们的意料，这神话似的经历在现实世界可能发生吗？

看到这儿，任何人都会觉得，你们筛选这种材料的时候，为什么不能采取去伪存真的方式呢？明明一听就是胡说八道的东西，干吗还要跟他纠缠呢？说实话，假如说这个地方有10起、8起人们目击野人或者接触过野人的事件的话，我们肯定就把贾志现的这个证词放弃了，但关键就在于像有些专家所说的关于野人问题，既有科学的声音，也有不科学的声音。而当地呢，与野人发生过亲密接触的也就是贾志现这么一个人，所以我们当然不能轻言放弃了。的确，贾志现的证词里面有太多不确切、不可信，甚至是伪科学的内容。但是我们还是希望，能不能通过其他的一些途径去伪存真呢？因为这十几年来有不少人都找过贾志现，问他当时的情况。这里面就存在着一些心理暗示；也许正是这些旁人的发问，比如说，贾志现你是不是让野人抓走了，野人是不是还给你娶媳妇了。就是这种有意无意的暗示，可能就让贾志现自己也觉得，这个故事应该如此添油加醋地去说，才会有人愿意听，但是这确实给我们带来了很大的干扰。因此我们就想，能不能求助于一些心理方面的专家，帮我们去伪存真，找到贾志现这份证词中最可信、最可以被我们拿来用的东西。

心理与精神卫生专家分析贾志现的情况

梁月竹，首都医科大学北京安定医院精神与心理卫生方面的专家，关于贾志现的问题，我们在调查期间就曾在电话里请教过她，后来还把贾志现的录像资料寄给了她。

贾志现异乎寻常的表现引起了梁主任的注意。她认为，当一个人的意识处于朦胧状态时会产生许多幻想，从而影响他对周围事物的判断能力。

梁月竹（首都医科大学安定医院精神与心理卫生专家）：“他的现象，在我们的心理学范畴当中讲叫分离性障碍，那几天他是一个神游的状态，处于一种意识的朦胧状态。也就是说他的意识范围是很狭窄的，他可能对某些情况感知，对某些情况不感知。他再添加一些自己心因性的内容，就创造了一些让大家听着好像似是而非的过程。”

梁医生说，目前对贾志现的情况只是一个初步分析，具体判断必须经过全面测试，并且有相关的检测数据支持，这样才能够确定。

元宝山一带存在着野人的传说，贾志现的叙述中又夹杂着现实与虚幻的诸多元素，关于遭遇野人是彻头彻尾的想象，还是包含着某些真实的内容？在这里我们没有得到有力的证据。

野人抓人的传闻在野人考察中并非绝无仅有。查林先生是荷兰莱顿大学人类学学者，他刚刚结束在蒙古的野人调查，对此他有自己的看法。

查林（荷兰莱顿大学人类学学者）：“在蒙古，野人被称作阿尔玛斯，那里有很多关于它的传说。最有意思的是阿尔玛斯到晚上进入村子，闯到村民的家中，抓走一个男人或者一位妇女，抢到自己的住处。传说阿尔玛斯会绑架人类，掠走人类，为的是交配、生子。那么生下来的孩子会一半是阿尔玛斯，一半是人类。当然这在学术上像无稽之谈，没法让人相信的。可是从人类学的角度看，是一件挺有意思的事情。人们仍然质疑，不同的物种之间能不能产生后代呢？”

李明（中国科学院动物研究所研究员）：“其中一个最关键的观点，生殖隔离，就是说种和种之间，一般来说不能够交配，偶尔有一些物种也发生交配，但是后代一般是不能繁殖的。”

黄乘明（中国科学院动物研究所研究员）：“有可能在胎儿的阶段就死掉了，或者是出生之后，适应能力太差死掉了，这种可能性都有。”

其实说到这，大家也都知道，在我们国家也好，在其他国家也好，都有文字记载或者口头流传着野人抓人的传说，比如《本草纲目》就记载着类似的故事。在神农架地区还有一个地方有一块碑，这块碑是乾隆年间制的，说是山上有野人，提醒大家上山千万要小心。至于说野人抓了人之后和人产生后代，这样的故事我们也经常听说，就比如神农架猴娃之谜，提到的曾繁胜被人误以为是他的母亲被野人抓走过，所以生下了他，后来检查发现其实他是小脑症患者。说实话，同样的故事在苏联也发生过，苏联广为流传在蒙古和中亚地区有一种怪物，这种怪物抓了人之后会和人产生后代；甚至有人确信，某个人就是野人的后代，不过后来经过科学论证，也就是通过 DNA 分析，以及通过对尸骨的最后确证等等，证明那个所谓的野人后代，同样也是小脑症患者而已。看来世间的有些事情，真的需要我们拨开层层迷雾，就好像贾志现所说的那些证词一样。非常可惜，关于贾志现被野人掳走的这条线索，我们不得不遗憾地说，到这里只能中断了。不过幸好在当地关于野人的目击报告还是很多的，我们甚至听到了这样一个传说，说有人曾经用枪打死过野人。事实真相到底如何呢？

2. 野人出没的世界

调查队员在访问时曾经了解到这样一个情况，在距离县城一百多千米的培秀村，多年前有人用火枪打死过野人。其实在世界上的“野人”考察中，除了目击事件外，的确出现过“野人”的头皮和手骨等直接证据，但是后来一一被专家们否定。如果在培秀村找到枪击野人的什么证据的话，那将是一个巨大的收获。梁汉昌已经是猎杀过“野人”的人的第六代后人了。在他家中，仍然保留着当年那支破损的火枪枪管。调查组质疑：这么一杆枪能打中200米之外的“野人”吗？后来发现梁汉昌提供的线索已经过去一百多年，不可能再找得到了。关于野人调查，调查组得知中科院吴新智院士曾到西双版纳进行过野人考察。那是1962年，云南西双版纳某些地区出现野人，当地人民生活受到严重影响，吴老当时和人一起去调查，结果揭开了一个秘密！

大家都对野人有所耳闻，相信有不少人都迫切地想知道，这个野人到底是怎么回事。任何事情我们要想搞个清楚，必须追本溯源，弄清楚它的来龙去脉。就好比野人这件事情。那么什么叫野人呢？现在可以大致地把它分成如下几种，第一种就是因为特殊原因离开了人类社会，自己孤零零生活的，生活习性、行为上已经完全不同于人类的个体人，比如说狼孩、豹孩，从小被野生动物抱走饲养的，这算是一类。再有一种是出于某种特殊的情况，自愿的或被迫的离群索居，这样的人我们也把他称之为是野人。那么还有一种，有人认为就是类似于人类的不明生物。再有一种，有些人认为，可能在我们这个非常繁杂的进化过程当中，说不定什么时候，有那么一只既偏离了人的轨道，又偏离了猿的轨道，自己独闯出一片新天地，但是迫于自然界以及人类的压力，最终不得已偷偷藏匿起来生活的某个我们未知的新生物种。其实这里面谈到野人，就谈到了两种不同的认识，实际上还是关于它起源的问题。在这里，我们暂时先不深究这个问题，因为在元宝山地区，在排除了野人抓人这个事件之后，我们得到一个消息，有人当年曾经用枪打过野人。那么尸体何在？枪又何在？当事人又在哪里呢？

我们在调查时了解到，距离良双村一百多千米远的培秀村，有人曾用火枪打死过野人，在那里有可能会找到野人的直接证据。

培秀村位于元宝山南侧的山林中，在村干部的带领下经过两个多小时的跋涉，我们才找到了猎手梁汉昌的家。

他就是梁汉昌，据说就是他的祖辈曾经猎杀过野人。

记者：“听说过您的祖先打死过野人，有这么回事吗？”

梁汉昌（培秀村村民）：“我的祖先确实打了野人，我六代前的祖先，他们几个人去那里种田，有水的地方去种。当时看见它们在那个地方洗澡，我祖先看见这种东西很怪，人不像人，他就把其中一个打翻到瀑布底下，第二天还有一个来找，就是这么回事。”

记者：“那您家里有没有祖上传下来的关于野人的东西呢？”

梁汉昌:“那次打了那个野人以后,它就掉下瀑布里了,他们也就不敢去找了,所以一样都没有留下来，就这个打野人的枪管留了下来。”

记者：“家里对这件事情怎么看？您相不相信有野人？”

梁汉昌：“相信，祖先说有，肯定有。”

梁汉昌对祖上枪击野人事件深信不疑，他说祖上留下了一杆猎枪他一直珍藏着，这也是他引以为傲的一件东西。

调查组成员：“何局长您对火枪熟悉吗？”

何长春（融水苗族自治县公安局森林公安分局副局长）：“熟悉。”

调查组成员：“那您看看这个火枪管能打多远？”

何长春：“我是从部队来的，对火枪管有些了解。这个现在不是完整的火枪了，已经没有枪把了，一般放了硝以后，用这个放铁砂打鸟，可以打 30 米到 40 米远，加药以后，放了码子，放进去、充实，可以打到 300 米至 400 米。”

调查组成员：“是有效距离吗？”

何长春：“有效距离。”

梁汉昌的这杆猎枪已经开裂，枪筒也已经不完整了，但据说当年他的祖先就是用它猎杀了百米之外的野人。

现在看来，这种久远的事件已经无从考证了，不过猎杀野人的传说却一直流传了下来。至于能不能打到这么远的目标，调查人员仍然持有怀疑态度，那么那个野人的线索就此断了吗？

培秀村旁边的兰坪峰，海拔大概是 2 000 米，据说当年梁汉昌先生的老祖先，就是手持这样的一把的土制鸟枪，看到在 200 米外的瀑布那有一公一母两个野人在洗头发；为什么说她是母的，恐怕就是头发长的缘故。老先生想都没有想，举枪，没有想到一枪就命中了那个母的，它就跌到瀑布之下了。可说实话，虽然梁家后人说得有声有色，村民也能给做证明，但是我们老觉得不大可能。为什么呢？我们说鸟枪它本身打的是钢砂也好、是钢珠也好，射程肯定是有限的。即便是霰弹枪，现代军事装备的雷明顿系列的霰弹枪的话，它的射程也就是几十米。就算是用了独头弹，用了现代的弹药，射程也不会有太大的提高。而一支民间土造的鸟枪，使用的还是普通的火药，要想准确地击中 200 米外的目标，无疑比登天还要难。再加上这段故事实在是太过于遥远了，因此有些东西恐怕已经不足以被我们采信，最终只能放弃。那么在这个地方，还有没有更加确切一点的信息可以被我们采用呢？

在元宝山不仅有人宣称曾经用枪打死过野人，还有人称他亲眼看见过被打死的野人尸体，而发现野人尸体的就是马贤。在马贤所写的元宝山野人考察手稿中，有关于他年轻时代无意中看到野人的情况的记载，那是 20 世纪 50 年代末的事情。

马贤（原三江侗族自治县宣传干部）："我在原始森林中的一个山坳见有一帮人在那里围着看，死了一个野人，我还蹲下来去摸它的手，它脸上的肉是棕红色的，只是额头稍微比人凸出一点，它鼻子不是很高，鼻子偏扁一点，身上的毛厚厚的，头发长，头发长披到肩上，身上的毛大约有 6 厘米长。"

马贤回忆说，他当时蹲下去看尸体时还闻到了一股刺鼻的酸臭味。

马贤："冲鼻子，酸臭。我们看了很久，了解了一下，是外省的人进元宝山抓老虎，那个野人中了毒箭，被他装的自动发射的毒箭打死。后来我们就走了，那时候还不知道野人有什么价值。"

马贤告诉我们，当时并不了解野人的情况有多重要，现在想起来还很后悔。我们也试图帮助马贤寻找以前的线索，但马贤先生觉得这如同大海捞针，事隔几十年，当时的地点和周围的人都记不清楚了。

调查组在统计这些野人目击报告时发现，这些目击报告的时间跨度非常大，

梁汉昌祖先留下的曾经猎杀野人的猎枪管

调查组进入元宝山

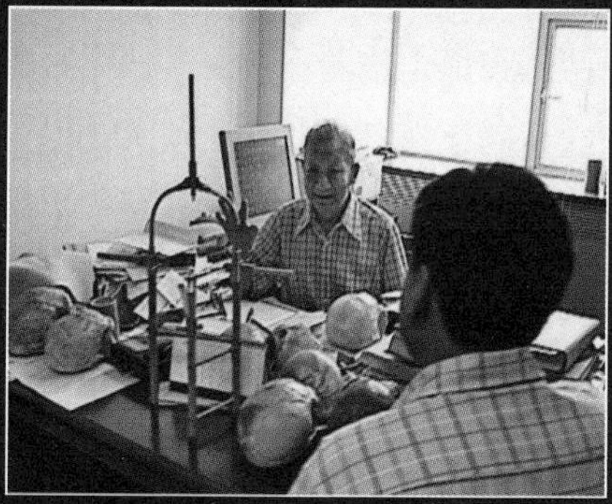

吴新智院士讲当年他调查野人的事情

从20世纪初一直到20世纪末，也就是贾志现声称被野人掳走的那年，这个时候在元宝山地区的培秀村又有人声称遇到了野人。

那10月12日，护林员何任权刚刚走出屋外，就听到不远处有树林晃动的声响，在距离他10米左右的地方，一个他从没有见过的高大人形动物向他走来。

何任权："看见它转过头来看我。它笑眯眯的，我好怕，我走了两三步，它扒着竹林叫了一声，我好怕，就跑到小屋里了。"

何任权对这一带的山林十分熟悉，事后他回忆说，当时那个怪物离他很近，他看到了它棕红色的皮毛和那神秘的表情。

何任权："它的表情就是这样子，摆着头，看人。最奇怪的是它人不像人，熊不像熊，什么都不像。"

与何任权有过同样遭遇的还有护林员何玉周。前一年10月20日那天刚刚打水回来的何玉周一开门就看到了一个怪物在翻他的食物，他吓得赶紧躲进另一个房间，关紧房门。

何玉周："它走出来，好大好大，头发很长，东张西望。"

透过门缝，他仔细看那个怪物。

何玉周："它的嘴巴大大的。"

何玉周看到那个野人胳膊长过膝盖，在屋里待了有十多分钟以后才慢慢离开。但野人的微笑却给何玉周留下了极为深刻的印象。这种面带微笑的神秘物种究竟是什么呢?

在中国先秦时的典籍《山海经》描述过一种名为枭阳的生物，五官与人相似，嘴唇长，身体有黑毛，最关键的是它看见人笑时它也会笑。这与何任权他们目击到的野人极为相似，难道他们目击到的野人就是传说中的枭阳吗?

但枭阳在《山海经》中的记载只能作为一个孤例，无从检验和考证，缺乏可信度。枭阳的记载或许与何玉周目击野人有某种相似，但无法提供更有价值的信息；我们无法证实元宝山的野人与枭阳联系，也无法判断枭阳究竟是何种生物。

其实元宝山地区到底有没有野人呢？如果说近些年来，有人为吸引众多人的注意，到这来开发旅游项目，编造这样一个传说是有可能的。但是，如果我们仔细查阅一下就会发现，在清代的时候当地文献就描述过类似于野人的奇怪生物的出现，甚至还说有人曾经打死过他们。这就让人觉得，恐怕基于经济目的的考虑，而编造谎言的这个说法是站不住脚的。可问题就在于从清代到现在，流传了这么多年的神秘生物，它到底会是什么？前面给我们提了一个醒，说有可能是像《山海经》当中描绘的枭阳，因为它跟两位护林员所描述的见到的那个奇怪的东西很像。可是说实话，大家也都知道，《山海经》本身里面有很多内容都是古人杜撰、附会而臆想出来的，我们实在不能拿它作为一个评判的标准，这太有悖于科学了。因此从这个角度讲，我们无法把奇怪的生物、《山海经》和两位护林员的证词画上一个等号。不过在我们调查的时候，请教了不少的专家，其中有中科院的吴新智吴老院士，他对于元宝山这一代出现的野人也好，神秘生物也好，有着自己完全不同的见解。

吴新智院士是古人类学家，他与其他人类学家一起提出的关于现代人起源的多地区进化学说，已经成为世界上这个研究领域影响最大的两个学说之一。他也曾经调查过一起野人事件，那是 1962 年，云南西双版纳地区发现了野人，并引起了当地人恐慌的事情。

吴新智（中国科学院院士）：“当时因为在西双版纳有关于野人的传说，这种传说影响了当地的老百姓夏天去耕种，因为他们刀耕火种，就是说，把这片地烧了以后，就成了肥料，然后就在这里种，种完了以后，到第二年就不用这块地了，再找一块地再烧，那么第三年再烧，越烧越远了以后，种的地跟他们住的村子隔得很远。隔这样远的距离，一传说有野人他们就不敢去了。”

西双版纳地处偏僻、人烟稀少，当时很多地方甚至无人居住。野人的传闻轰动一时，造成了当地老百姓的恐慌。有的村民甚至连村都不敢出了。

吴新智：“所以当地政府把这件事情反映到中央，那么中央很关心这件事情，就交代给中国科学院，去把这个问题查查清楚。”

吴新智院士认为野人事件不能捕风捉影，应该寻找一定的证据。

吴新智：“去了以后，我们到山里头转了转，实际上那个时候山里都是密林，没有路可以走的，没有路就开路。转了两三个月吧，并没看到野人。”

吴院士看到由于西双版纳的很多地区都没有得到开发，这种原始的自然环境很可能造就了一个野生动物的保留地，在这里他们也看到了长臂猿等野生动物。

吴新智：“原来我也不太了解西双版纳有那么多的长臂猿，在考察过程当中就听到长臂猿叫，看到长臂猿活动，就联想到是不是它们被误认为野人了。”

长臂猿属于国家一级保护动物，它生性活泼，行动起来有时非常像人，虽然体形纤小，但两条灵活的长臂和钩形的长手，使它们穿林越树如履平地。

会不会像吴院士猜测的那样，村民们将长臂猿误认为野人了呢？在调查中，正巧一位村民找到了一只长臂猿，送给了吴院士他们。

吴新智：“村民把长臂猿带到招待所，当时我们住的县招待所，在门口给老乡看，问这是不是他们说的野人。他们看了以后，说可能就是这个东西。”

在吴院士看来，当地的村民错把野生动物当成了野人，这是由于他们不了解这些稀有的野生动物造成的。

吴老给我们讲述的这件事情，准确地讲这是一个案例，是非常发人深省的。在对于未知领域的探索过程当中，比如像这种不明生物，或者说像天上的不明飞行物，我们都会发现，经过科学论证之后，大概有 90% 到 99% 之间的目击报告，本身都存在着问题，或者是自然现象，或者就是一种野生动物。那么在这个过程当中，吴老的这个例子就给我们做了一个非常好的证明。其实，周研究员本身，也遇到过这样类似的问题，有人把熊掌或者是猴子的手脚运过来，说这是野人的。但是，我们认为虽然有百分之九十几的可能性是看错了，是误会了，是把别的生物当成了野人，那么还剩下百分之几的概率可能会存在着这样一种生物。那么光元宝山地区，到底有没有传说当中的野人呢？后来在我们进一步的调查过程当中，当地人告诉我们，两位护林员的这个遭遇，当时就已经引起了不大不小的轰动。因为 13 年前，广西的《柳州日报》就曾经组织了一批记者和专家到此地展开过一场较大规模的科学考察，并且据说他们还是有所收获的。那么他们在当地又得到了什么样的线索，野人之谜能不能就此解开？

3. 大脚印真相

大脚印，野人目击报告中出现频率最高的证据。在大洋彼岸，它早已成为美洲野人“大脚怪”的标志。在野人调查中最为著名且争议最多的就是美洲野人“十七秒影像”，对于那个匆匆走过的奇特身影所留下的大型脚印，也同样是世界各地野人专家研究的重要课题。13年前，为了考察野人而夜宿元宝山的记者们，在山间木屋经历了一个不眠的夜晚。是谁曾经与考察队近在咫尺？随后发现的大脚印昭示了野人的来访？就在马宏威发现大脚印后的次日，队友胡学迅在山间木屋后又发现一个新鲜的奇怪脚印。山间木屋，野人居然会数次到访？两个脚印、大小不同、地点相近，却引出了不同的故事。在动物园的黑熊饲养地意外获得了一枚大脚印，专家的解读却出乎人们的意料。

我们这次的野人调查，把地点选择在了广西的元宝山。广西的元宝山，这个地方真的可以说是山高林密，各种动植物资源异常丰富，层层叠叠的大山一眼望不到头，密密的林子连阳光都射不进去，到处都是可以食用的植物，到处都有丰富的水源。这的的确确为养活或者养育一些让人觉得异常神秘的生物提供了一个非常好的环境，也恰恰为我们人类展开关于野人的遐想，提供了温床。那么这个地方到底有没有野人呢？准确地讲，从当地的文献也好，当地老百姓的口头流传也好，我们似乎能够感觉到我们已经看到它的影子，正在一步步地想抓住它。其实关于这一点，不仅仅是我们有这个想法，所谓英雄所见略同嘛，从20世纪80年代开始就陆续有不少人到这里进行过相关的考察活动。比如说多年前，一批由媒体、记者组成的科考队，就曾经在这里进行过野人活动的调查。那么他们当年的调查有什么样的收获呢？

黑熊留下的脚印和人的脚印很相近

调查组到了广西《柳州日报》编辑部

找到了马宏威主任，马主任拿出了当年出版的报纸。他告诉我们，多年前广西、上海等联合媒体组织过一次野人调查行动。这次行动的起因就是元宝山培秀村的两位护林员近距离遭遇过野人！

马宏威（《柳州日报》记者部主任）：“护林员连续两次发现野人之后，我们是带着一种探索的好奇心去的。即便看不到野人，看不到它的真实形状，接近不了它，能够看到脚印和毛发也算是成功。”

马宏威他们进入元宝山的采访调查正是4月初，也是护林员当初发现野人的时节。采访使他们得到了第一手资料，当天晚上就住在了山上。

马宏威：“4月4日晚上我们夜宿在兰坪峰仙人山坳这个木板楼，这个木板楼相当简陋，我记得还漏雨。”

尽管在屋里，马宏威仍然感到十分阴凉，漆黑的夜色使他们感到有一种从未有过的神秘感。

马宏威：“当天晚上的风确实是很大，而且那个楼是木结构的，时间也比较长了，所以有一些轻微声响都听得很清楚。”

马宏威和队员们心里不踏实，索性坐在一起讨论着当天的情况，就在这时候他们听到一种异常的声音。

马宏威：“就是踩踏的声音，咚咚声，也感到这个木楼有轻微的摇晃。”

这个时候队员们都紧张起来，大家预感到似乎什么事情要发生了。

马宏威：“我是有点害怕，我说如果是野人要冲进来袭击我们的话，最好有一个人，死死抱住这个家伙！它要伤害我的话，你们要帮我采取措施，咱们大家一起上。”

马宏威他们下定决心要与传说中的那个野人拼搏一场，哪怕是拍

柳州日报当年的考察队

到一张照片也好。但是当他们几次冲出门外，唯一能看到的就是手电筒的灯光和黑乎乎的山林。

第二天一早，他们再次找到了目击者了解情况，同时他们也想到，因为连降雨水，如果是野人或者是有动物造访，肯定会留下痕迹，于是他们分头去寻找。就在几个人跨过一个小土坡的时候，他们看到了地面上的一个脚印！

马宏威："因为下了一夜雨以后，脚印不是很清晰，你要说清晰只是那个脚印的轮廓看得出来是人的脚印，但是边缘已经有一些模糊了。"

尽管这样，他们还是根据脚印的轮廓量出它的长度有36厘米。但是令人遗憾的是，由于当时没有制作脚印的石膏材料，他们只是拍了照片，并且画出了脚印的图形。

马宏威："如果跟正常人的脚印比的话，新踩下去的正常的脚印绝对没有那么宽，这是在上半部脚掌，前掌部位宽，跟传说中的野人的脚印，我觉得有点像。"

雨夜小木屋的异常声响，山上发现的大脚印，这一切都使队员们兴奋不已，他们很快写出稿件，当天就向报社传真了这个消息。

但是他们也在考虑这个脚印真的是野人留下的吗？这时候一个新的情况引起了大家的注意。

听村民说，一个叫杜全章的人曾经在山里与一种能够直立行走的高大动物搏斗过。

56岁的杜全章告诉我们，他和家人上山采药，他突然觉得有什么奇怪的响声，抬头一看，那只动物已经离他不到1米远了。

杜全章："到旁边来，离我一米左右，它站起来，比我高得多，起码有2米，一到我旁边它就吼，吼了几声。"

为了保护家人，他用尽平生的力气与它搏斗。他的脸上和身上的伤疤就是搏斗时留下的。

杜全章："我看到底是什么呀？大是蛮大的，起码有一百多千克。"

根据杜全章的描述，这个奇怪的东西个头儿真的不小，那么留下的脚印恐怕也会很大。说到脚印，大家恐怕也都知道，这是关于野人的目击报告当中众多的、我们能够找到的证据之一。根据我们现在所掌握的材料，有科学家把这些脚印分成了两大类，一类是大型的，三、四十厘米长，甚至更长，一般都是四趾并拢，拇指看着是比较大的。还有一种是二十多厘米长，这种二十多厘米长的脚，就是相对较小的，同样四趾并拢，但是拇指向外倾斜的程度是非常明显的。但是吴老和周老师都告诉我们说，在他们接触到的很多脚印当中，恐怕有一些是不能够确定，或者说准确地讲，是其他生物留下来的。因为他们就遇到过，有人拿着熊掌或者是猴的脚掌来给他们做鉴定，认为这是野人的脚掌。周研究员就曾经碰到，有人拿过一个煮过的长臂猿的脚掌给他看，因为当时这只脚已经被煮过，肌肉收缩、韧带收缩，所以看起来非常像那种小型的脚印。但是经过形态学的仔细观察发现，原来这是长臂猿的。这就是关于我们国内的野人脚印的概况了，恐怕大家也都想知道，国内是这样的状况，那么国外又会是什么样的情况呢？周老师恰好与国外的这种脚印有过不解之缘。

周国兴1974年就参加了中科院神农架野人科学考察活动，以后陆续在新疆、浙江等地开展过野人的考察与研究。当我们的记者把马宏威采集的脚印交给他的时候，周国兴感到十分的震惊，他觉得这个脚印与著名的北美野人的脚印有相似之处。

周国兴（北京自然博物馆研究员）：“1980年，在美洲专门研究野人的专家给我寄了一部电影，这部电影非常有名，当时在我们国内还没见到，拍到的是大脚怪，也就美洲野人的影片。影片只有17秒钟，是两个生物学家在考察过程中突然发现野人，在匆忙中拍摄下来的。”

1967年10月20日下午，美国人帕特森和吉姆里骑马驰骋在加利福尼亚州北部的兰湾山区，突然看到了让他们终生难忘的一幕。帕特森在跑动中开启了摄影机。这是世界上首次拍到的野人影片，也就是著名的17秒影像。这段摄影短片在当时不仅震惊了全美国，

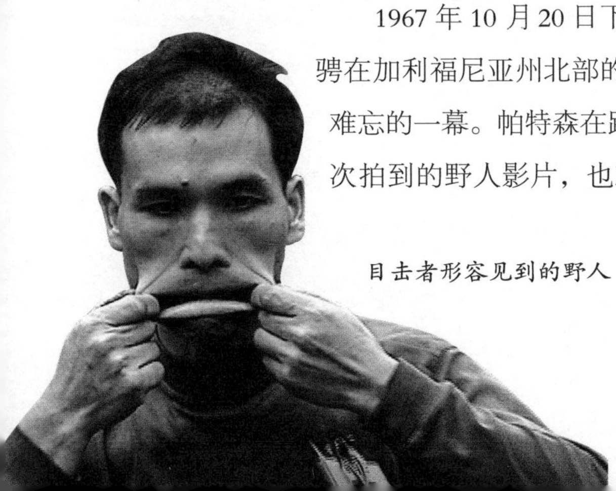

目击者形容见到的野人

在学术界更是引起了强烈的反响。

周国兴："接到这个影片不久，又得到了美国体质人类学家奥尔森教授他们寄来的一个脚印，说这个脚印就是这个影片中的大脚怪所留下的，他们在进行分析，也希望我结合影片来具体分析。"

拿到这个北美野人的脚印以后周教授总觉得有些不对劲。

周国兴："拿到美国沙斯夸之的脚印以后，我总觉得这个脚印有点问题，为什么呢？我觉得它的脚趾和脚板不成比例，也就是脚趾小，脚板大，跟人还是有一些差距，还不像人的一个真实脚印的情况。"

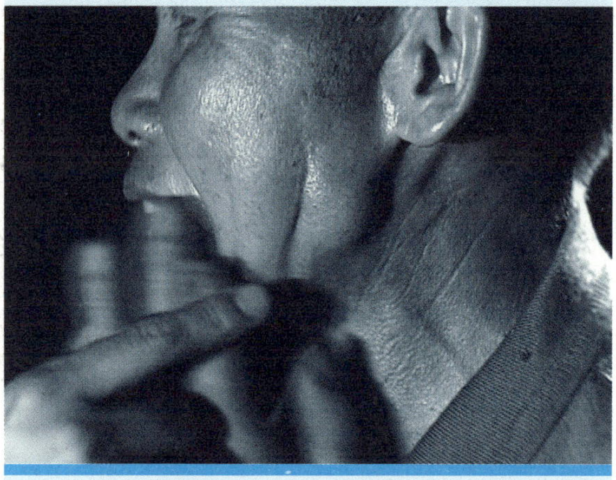

与高大动物搏斗留下的伤口

在周教授的办公室，我们见到了这个大脚印的模型，他说按照解剖学理论，现代人的脚长乘上一个系数等于人的身高。那么根据这个脚印长度，那个人的身高应该在3米左右。但看到的情况并不是这样，似乎那个脚印比例出了问题。

周国兴："如果这个是模仿人的脚做的话，是一个很拙劣的模型。"

这个美国野人的脚印至今在学术界仍然充满疑问，而马宏威采集的元宝山野人足迹在周国兴看来也充满疑问。

周国兴："大拇指很小，这个跟人的脚印不相似，但是它是采自树叶上面，是一个印痕。"

周教授分析，由于受自然条件和时间的影响，根据脚印印痕所画出的轮廓有所变形，在脚趾大小、脚弓部位方面与人类的脚印还是有一定程度的不同。这使周教授产生了怀疑。

周国兴：“但是这个脚印跟美国的沙斯夸之对比，因为它是踩在草上面，印在树叶上面的，所以它的脚趾不是非常清楚，但是这个轮廓有很接近的地方，我就是怀疑是不是除了人以外，还有其他动物也能造出这样的脚印。”

这些年来，在国内外人们也发现了不少奇怪的大脚印，从这些大脚印的石膏模型来看，好像和人的脚一模一样，有的也是五趾分开，脚的结构都存在，周国兴教授所怀疑的脚印是不是动物所为呢？在元宝山的大型动物多是熊类，带着这个问题我们来到了柳州市动物园的黑熊饲养地。

说实话，想要狗熊留个脚印，这是我们一开始简单的想法，去动物园不就行了吗，动物园确实挺配合的。可是我们从笼子里，从电视机屏幕上看，和真正到现场去做那是两个概念。一开始我们想，找块地把它挖松了，然后让狗熊从上面走过去，这脚印不自然就有了吗。谁承想，狗熊去了之后，人家根本不往那走，或者，人家走的时候呢，根本不给我们留下一个完整的脚印。当时大家就傻了，因为狗熊不是人，你说过来给我踩一个脚印，它不可能答应你的。于是当时用了很多的时间，就是要想办法怎么让狗熊乖乖地听话把自己的脚印好好地给我们印下来。

工作人员在熊舍的门前撒上石膏粉，希

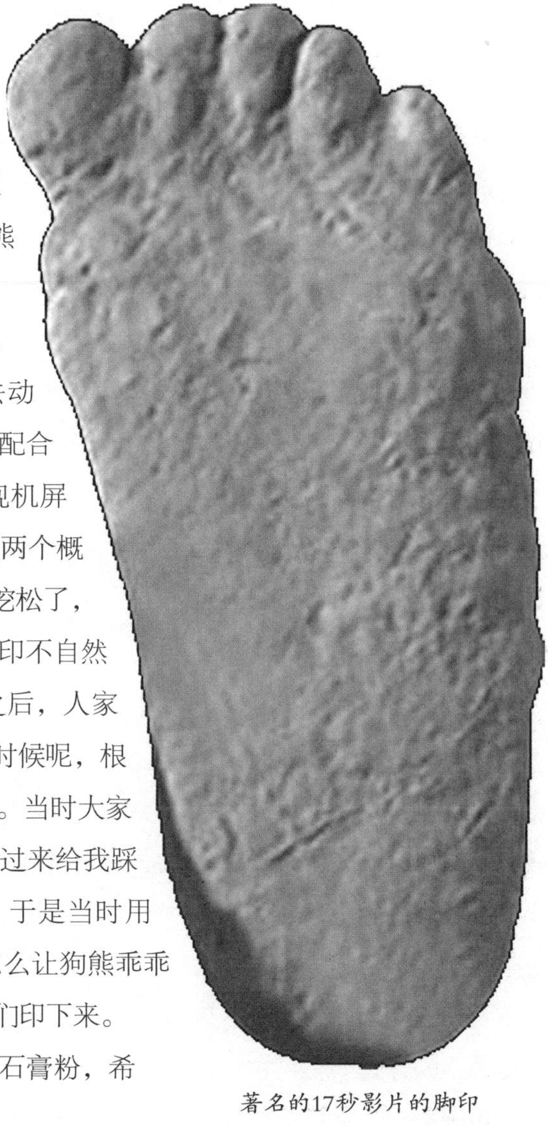

著名的17秒影片的脚印

望熊在出笼的同时，能够留下它行走的痕迹。

宾柳雄："人的脚印从脚形的比例来说，肯定是长、宽，就是脚尖到脚跟是长向，脚的左侧到右侧是短向；但是熊的长向和短向相对要接近，和人类是有区别的。"

不一会儿，熊缓缓地走下石阶。在湿漉漉的地面上赫然出现了一个像人的大脚印！

经过测量这个脚印长34厘米，那么熊是怎么会印出像人的大脚印呢？

宾柳雄："当熊行走的时候，因为地形的问题它要调整脚步，后掌搭在前掌上，不是绝对水平的，是有变化的，有可能是这样，也有可能是那样，还可能搭多一点，搭少一点，它不会完全吻合。"

这样看来，熊这样的动物可以在较软的土地上无意中利用前掌宽、后掌窄，前后掌搭在一起的特点，制造出来类似于野人的大脚印来。

如果说熊留在湿滑的地上的大脚印比较大，会让人认为是野人，那么袭击杜全章的那个野人会不会也是黑熊所为呢？

宾柳雄："当一只熊出现的时候，尤其是一些毛发不是很黑的熊出现，再加上我们人类站的地势不同，比如你站在略微比那只熊高一点的地方，那只熊站得略微比你低一点，比如它采树上的浆果时，你远远看上去，会不会觉得它像野人？人们就可能产生这种错觉。"

从杜全章描述的搏斗情形和留下的伤口形状来看，确实与熊的伤人方式相近。而熊的力量主要来自熊掌，它是从长期的打斗中逐渐演化而成的。

宾柳雄："它的爪子有个特点，始终是张开的，不收回来的，不像猫科动物是收回的。猫科动物攻击的时候，必须把爪子弯曲，要捕捉要抓，它是靠爪子捕捉动物，一口咬，置猎物于死地。那么熊不是，熊首先要生存、要攀岩，它还要利用爪子攻击，这样的话爪子就是张开的。"

看来杜全章遇到的是一只熊，只是由于当时的特殊情况，他把黑熊错当成了传说中的野人了。

周国兴："是什么动物引起了人们对野人的错觉？我个人讲起来，我是搞人类起源研究的，搞体质人类学的，我并不是为了抓一个野人来揭秘，我是要解决这个流传了数千年的谜，谜底是什么？对于人类衍化、研究有多大的作用？如果科学家不参与的话，这个谜就永远揭不开。不是科学家来解答这个自然之谜的话，那些非科学的东西就会蜂拥而上，就会误导人。”

是不是看到这个地方，我们就可以下一个结论，这个脚印一定就是熊留下来的呢？常有人教诲我们，说话不要说得太满，其实有的时候，这种科学调查同样也是如此。试想一下，假如说我们给您两杯已经沸腾的水，您能判别出来哪杯是微波炉加热的，哪杯是用天然气加热的吗？虽然它们看起来都是热腾腾的冒着蒸汽，但是我们肯定无法确定地说哪杯不是通过微波炉或者说是天然气烧出来的水。这就跟脚印的道理一样，看上去像熊的，并不代表一定是熊踩出来的。但是，毕竟时间过去太久了，无法进一步考证马宏威采集的这个脚印是不是野人或者熊留下来的。不过我们倒是听说，当时还有一位姓胡的记者也找到了一个脚印，有关人士看完这个脚印之后认为，这简直就是巨猿留下来的。说实话，到现在，我们听到的关于古生物也好，近代生物也好，名词已经不少了，这怎么又跳出来一个巨猿呢？巨猿又是什么东西？为什么会有人说这个脚印是巨猿留下来的呢？

4. 巨人出现

胡学迅原是《柳州日报》的摄影部主任，因为疾病，听力受到了严重影响，与家人交流需要通过书写文字。当知道我们要了解关于野人和他采集脚印的事情时，他非常高兴。

他告诉我们，当年考察队就住在元宝山兰坪峰下面一个护林员的小木屋里，有两个队员留守驻地时发现了一个情况。

胡学迅（《柳州日报》摄影部主任）：“他跟一个青年守住大本营，他们听到外面有敲他的厨房木柱的声音，他不敢去看。我一回来，他告诉我，我去看了一下，有个脚印，左脚的，一跳跳上坡，那个坡是150厘米高，一跳上去，那只脚踩在泥土中，一看到那个脚印我就拍了下来。”

胡学迅赶忙找人买了石膏粉，翻做了模型，他当时测量脚印长为28厘米，脚趾印痕也比较清楚。他认为，常人很难跨到这么高的地方。后来胡学迅采集的这个脚印模型，被辗转送到了古人类学专家周国兴的手上。

周国兴教授发现这是一个比较短的脚印，而且有一定变形。他认为，这个赤脚留下的脚印的脚趾长度和大拇指形状与正常人有比较大的差别。

他们了解到山民进山砍柴、护林一般都穿鞋，尤其在这个时节有蛇类活动，很少有人打赤脚。那么这个打着赤脚留下异常脚印的人是不是野人呢？

周国兴将翻制的野人脚印提供给了国际知名体质人类学家克兰茨教授，没想到他也拿出了一个类似的脚印，这个脚印让周国兴感到十分奇怪，为什么在克兰茨手里，竟然会有和元宝山野人一样的脚印呢？克兰茨说这个脚印来自幼年的巨猿。

克兰茨教授认为，美洲的大脚怪是一种已经灭绝的物种——巨猿，但是这个元宝山野人脚印的模型，让克兰茨有一个新的判断，他认为有可能在元宝山地区还残存着巨猿，而这种巨猿就是元宝山地区出没的野人。

周教授告诉我们说，如果仅从脚印的角度来考虑的话，现代人与动物、与类人猿之间还是有比较大的区别的。比如说我们的脚底板不是完全平的（扁平足除外），我们的脚底板应该有一个弧度，我们的

复制的巨猿头颅

脚像一个小弯月一样，踩在地面上会留下那种痕迹的脚印，而其他动物不具备这个特点。美国克兰茨教授带来的大脚怪的脚印，与胡学迅那个脚印的痕迹，对比之后觉得大小、形状差不太多，但是仔细看一下，差别就比较大了。胡学迅的这个痕迹，基本上呈锥形往下走，而美国的这个脚印好像我们过去的元宝一样，中间是细的，两头有相当大的弧度。再有一点，胡学迅的这个脚印上面的五个指头，每个指头之间的距离基本上是完全一致的，我们再看看美国的这个脚印就会发现，它的大拇指离其他 4 个脚指头非常远。那么，克兰茨教授为什么会到中国来，并且带上这个脚印呢？因为当时他有一个理论，这个理论是什么呢？那就是所谓的野人也好，大脚怪也好，恐怕是一种史前生物留下来的。这种史前生物居然繁衍到了现在，它是什么呢？就是巨猿。巨猿这个东西到底又是怎么回事呢？

巨猿是一种介于人和猿之间的高级灵长类动物。大约一百多万年前，巨猿还广泛地分布在东南亚，包括中国南方的原始森林中，据说它们是世界上最大的灵长类动物。

周国兴："巨猿不是我们中国人发现的，荷兰有一位古生物学家，我们中国人叫他孔尼华，他在香港和南洋的中药铺里面，经常收购那些哺乳动物化石，当地叫龙骨，实际上是哺乳动物化石。在 1935 年的时候，在龙骨中间发现了一个灵长类的牙齿，非常大，有现代人臼齿的 4 倍那么大，发现了好几颗。之后，他就把这种灵长类生物命名为巨猿。"

20 世纪初，在离元宝山不远的广西柳城，古人类学家裴文中先生曾经发现了 3 枚动物的下颌骨化石。他推测，这 3 个与人相似的下颌骨化石来自于 60 万年前的一种古猿，这是一种介于人和猿之间的高级灵长类动物，其身高超过 2 米，被科学界称之为巨猿。

此外，在 20 世纪 70 年代，人们在广西、湖北和重庆的洞穴内，先后发现了巨猿牙齿化石，这样看来，巨猿确实在我国曾经生存过。那么，会不会存在这样一种可能，巨猿并没有完全灭绝，在元宝山独特的自然环境中，仍然留下了一些残存的个体呢？

带着这个疑问，经过长时间的行程，一支由中美等国家组成的科学考察队来到了元宝山地区，周国兴、克兰茨教授分别担任正、副队长。克兰茨教授对大家说，他就是要寻找那个留下脚印的野人。

周国兴：“克兰茨教授兴趣很大，他把从巨猿的组织生态、形态和沙斯夸之紧密联系起来，他非常相信这个美洲的沙斯夸之大脚怪就是中国的巨猿。”

克兰茨教授比对了北美巨猿和元宝山野人脚印以后推测，美洲和广西两处的野人可能存在关系。因为广西巨猿的化石历史要比北美巨猿更加长久，很可能是广西的野人北上过长江，再向东，跨越白令海峡，到达美洲。

胡学迅：“克兰茨教授拿了几个脚印来，一对照，差不多一样，他就说一定要去看，到底是不是真的有野人，是不是我们大脚人的前辈，他对大脚人很熟悉，他说这个野人跟他的大脚人的脚印差不多，可能就是从这里迁过去的。”

胡学迅说，“发现这个野人脚印让克兰茨教授和身为队长的周国兴教授对了解野人真相充满了信心。”

周国兴：“一谈到这个野人，最大的特点就是直立行走，一直立行走，它就有一个身长的问题，大家就认为是2米，有大的脚印。因为现生的动物一定要有化石基础的，那么化石的基础是什么呢？”

在周国兴看来，化石是一个关键证据，只要有这种物种存在过，就应该有化石存留下来。如果找到了元宝山地区的巨猿化石，我们就可以建立巨猿从广西到北美演化的过程，同时也能解开长期以来一直流传在元宝山地区的野人传说的真相。

看到这里，大家都非常想知道：在那个时代巨猿生活得怎么样，它为什么会跑到广西这个地方来呢？根据对一些考古遗址的发掘，以及一些古生物遗存的了解可以看到巨猿要么生活在洞穴之中，要么就成为其他动物的口中餐。有人认为，巨猿的化石大量出现在洞穴当中，并不代表它们是在洞穴里面生活的，因为我们在洞穴当中发现了巨猿的尸骨，大多都是残缺不全，在一般情况下旁边就会有像猎狗这样的巨型食肉猛兽的存在，这种情况是不是告诉我们，巨猿是在外面被这些动物抓住之后，当作食物拖到了自己生活的洞穴当中慢慢享用，但是尸骨很巧合地留存了下来，变成了化石，这些是关于巨猿生活状态的一个猜测。至于巨猿为什么会在广西一带繁衍下去，有人认为广西当时的条件非常适合，也有人认为巨猿曾经遍布中华大地，只不过后来人类这个族群开始繁衍了，人类过强的竞争力，导致巨猿实在跟不上前进的步伐，于是巨猿只能采取见了人就敬而远之，你来我退的战术，最后走到了广西这片地区，并且生活了一段时间。至于说后来巨猿的消亡是不是因为人类过分强大，我们现在还不好下定论，不过正是因为这个推测，有的学者认为就算有野人的话，恐怕他们跟巨猿之间也是有着千丝万缕的联系的。当年，这些远涉重洋来到我们国家考察巨猿的学者们，他们最后到底得到了一个什么样的结论呢？

巨猿下颌骨和牙齿

这个脚印引来了一次国际考察活动

元宝山野人有没有可能就是巨猿残存的个体呢？周国兴对已经发现的巨猿牙齿进行了复原，经过比较周教授发现巨猿的牙齿比人的牙齿大 4 倍，从 3 个下颌骨来看巨猿的头是非常巨大的。

吴新智：“巨猿这种生物的存在，是根据一些牙齿化石，还有几个下颌骨来推测的，它的身高也是根据牙齿比人的牙齿要大 4 倍这一点来推测的。”

体质人类学有一个标准，即物种的头骨、牙齿与身高都有一种相对稳定的比例关系，依据这一标准就能从少量的化石骨骼复原出这个物种的大致形态，从巨猿的下颌骨出发复原巨猿，估算它身高会超过 2 米，其中头部巨大，是正常人的 4 倍。

周国兴："推算来推算去，身高能够有两米以上，又有那个大脚板的，除了巨猿没其他动物，当时我也很信服，可能是巨猿，后来我在做总结文章的时候，也写了这条。"

周国兴教授根据巨猿的牙齿和下颌骨化石开始复原巨猿的头像，而这次复原的结果使得周国兴教授大吃一惊！

记者："您当时复原了以后，就觉得这么大的头，不可能是在元宝山被看见的？"

周国兴："不可能，我们问到无数的目击者，你看到的野人有 2 米高，头部究竟有多大？都说跟我们人的头差不多大，大不了多少。元宝山两个目击者的距离就更近了，看到的头部多大？他说稍微比人大一点儿，不是太大。"

元宝山护林员何任权、何玉周，在他们的描述中，野人的头并不大。

何任权："好像和人一样，但是比人要长一点，就是这样子。"

周教授发现，复原的巨猿头颅与目击者看到的生物头颅差距很大，这说明这里传说的野人与巨猿这个物种相距甚远，看来像巨猿一样的生物在这里并不存在。于是周国兴在对元宝山及周边地区做进一步调查后，认为巨猿可能很早就在广西灭绝了。

周国兴："一定要有化石基础，巨猿实际上在中更新世以后就消失了，从以后的洞穴里面找不到它的痕迹了，也找不到它的牙齿。我们发现了无数遗址，找了很多的洞穴也没有发现，我感觉到野人不是巨猿。"

之后，周国兴教授发表文章，把以前认为元宝山野人是巨猿的观点彻底抛弃了。

记者："周教授，关于这个巨猿前后您是把自己的观点给否定了。您在这个过程当中，有没有动摇过？"

周国兴："我觉得没什么动摇。为什么呢？因为科学是认识，是观念，是观点，是理论，不是我个人认为怎么样就怎么样，对科学的认识不是停留在一成不变上的，是不断有新的材料的发现，有新的研究的深入，在不断地修正中，科学才一步步向前发展起来。”

胡学迅采集的脚印如果不是巨猿，那到底是什么呢？

如果按照体质人类学上的说法，脚印乘上一个系数等于身高的话，28 厘米脚长的生物，身高大约是 180 厘米，与正常人的身高差不多，这样一个身高的生物完全可以跳到 150 厘米以上高处。

周教授怀疑这个脚印可能是人为造成的。

周国兴：“我觉得有点像变形的人脚的印痕。”

这样看来，胡学迅所采集的脚印基本形态接近于人，推算它的身高不超过正常成人的高度，脚趾的形状也与人相符合，那么它极有可能是人的赤脚造成的。

如果胡学迅采集的脚印只是一次人赤脚造成的失误，那么何任权、何玉周目击到的野人又该如何解释呢？他们见到过黑熊等野生动物，应该不会发生误认的情况。周国兴注意到，在两位护林员对野人的描述中有一个细节，那就是这个野人会微笑，毛发是棕红色的，这些又能说明什么呢？

在 1935 年发现巨猿化石之后，陆陆续续的很多考古都证明，应该讲广西地区过去曾经是巨猿生活的一片乐土。但是，后来迫于人类的压力，巨猿终于生活不下去了，于是退出了历史舞台。当然，有些人可能会说，正是因为受到了人类的威胁，所以它们才改换头面，换做另外一副面孔以野人的姿态出现了。作为这个物种本源的巨猿它都生活不下去了，怎么可能改头换面在这么短的时间之内进化成为另外一种能够躲避人类，并与人类分庭抗礼的生物呢？看来，巨猿这个学说的确有它站不住脚的地方。实际上发展到后期，包括像克兰茨这样的西方教授也认为，巨猿是野人始祖的说法是站不住脚的，似乎野人调查尤其是关于广西元宝山地区的野人调查到此就可以告一段落了。不过我们觉得，这里面恐怕还有很多信息值得我们去注意，尤其是综合分析了两位护林员的看法之后，无论是我们，还是一些专家，脑海中都跳出了另外一个生物的形象，那么这又是怎么回事呢？

5. 红毛疑云

元宝山这个地方，现在我们通过电视镜头足不出户就已经对它有了相当了解。的确，山高林深，也许就在这森林当中会存在着一些稀奇古怪的东西，但同时我们又感觉到元宝山地区似乎又小了一点，容纳下数量如此众多的珍禽异兽，似乎不太可能。不过现在我们可以把眼光放开一点，我们说的这个“野人”，是不是只有中国才有呢？当然不是，如雪人，如美国的大脚怪，还有沙斯夸之，在西伯利亚地区还有一种生物叫丘丘纳，在蒙古地区流传着阿尔马斯的传说，这些都是传闻中的野人。此外，在非洲有切莫斯特传说，澳洲有约韦奇怪传说。人们都说自己曾经见过一种类似于人的、野生的、很奇怪的动物。

我们再把目光转回到元宝山这个地方，两位护林员看见的到底是什么？他们说得有头有尾，面目清晰，他们的目击证词中到底有什么东西吸引了我们呢？

到目前为止，没有证据支持元宝山野人就是巨猿。在考察过程中发现的两个脚印，一个被认为可能是黑熊制造的，另一个则被认为是人为踩出来的，那么会不会是当地的山民看错了呢？

曾经采访过何任权的《柳州日报》的马宏威有自己的看法。

马宏威：“他们传说中的野人是不是就是我们现在找的这个野人，我不敢肯定就是同一种东西，但是它肯定是一种奇怪的动物，一种人类不常见的动物，不是熊、野猪之类的，这些动物苗民是认得的，打猎的人是知道的。”

根据目前调查组掌握的情况，目击者基本上都是有多年野外经验的猎手或者是护林员，他们不太可能把黑熊或者其他动物误认为野人。但经过对他们的目击证词进行仔细分析，调查组发现，何任权、何玉周目击的现象有一个特别之处。

何玉周：“它头发长到这里。”

何任权：“脸色是比较红一点，毛是棕红一点。”

何玉周：“好大好大的。”

何任权：“手好长的，它扒竹林，就是这样子扒的。”

何玉周："这里有好多纹，好像 80 岁老人家的样子。"

何任权："它这样看我的，笑眯眯的样子。"

何玉周："它也是笑眯眯的。"

调查人员发现，护林员何任权、何玉周描述的野人的几个特征是以前目击事件中所不曾有的：一是有着棕红色的毛发，二是大嘴巴，三是有着老人一样的面庞，四是当人笑的时候也会模仿着笑。这种有着棕红色的毛发、大嘴巴会微笑的人形动物究竟是一种什么物种呢？

就在调查组陷入困境之时，柳州博物馆的刘文却怀疑，这个长满棕红色毛发的野人会不会是一种动物——猩猩呢。因为他手上有一块足以支持他的判断的化石。这个线索是刘文在整理修复早年收购的一批化石时，无意中发现的。

刘文（柳州博物馆副馆长）："笔架山胶结的这么一块动物化石，是 1986 年在我们柳州市区发现的，我们看到表面上有几颗化石，不知道到底有多少，结果处理以后发现有很多种动物化石。"

动物牙齿化石同样是认定这个动物身份的一个标志。随着修复工作的进行，显露出来的动物化石逐渐增多。这时，一颗类似人类牙齿的化石引起了刘文的注意。

刘文："在我们修理这个化石的时候，其中有一颗我们怀疑它可能是猩猩牙齿化石，周教授到了柳州以后，我们就想进一步确定它是不是猩猩牙齿。"

由于类似于人类牙齿的化石只有一颗，刘文并不敢轻易下结论，他将这颗牙齿化石交给了周国兴教授，周国兴教授看到了这个化石后兴奋

成年的红毛猩猩

红毛猩猩"四毛"模仿能力很强

不已。

周国兴："我看了以后，几乎跳起来，为什么？因为笔架山是处于中更新世时期的，应当有猩猩化石的，我还没见到过，居然这上面就有猩猩化石。"

这样一颗距今40万年左右的猩猩牙齿化石，对于古人类专家来说，它将意味着什么呢？

周国兴："我研究过这里 百多万年前的猩猩化石，也研究过十几万年、几万年前的猩猩化石，没有看到中间这个阶段的猩猩化石，现在看到了，就说明猩猩在这个地区是绵绵不断地在演化。"

周国兴在对这颗牙齿化石仔细分析后发现这是一种红毛猩猩的牙齿化石，这就意味着在历史上广西曾是这种红毛猩猩的栖息地。其实，在我国华南地区，特别是广西一带，曾经出土过100万年到1万年左右的猩猩牙齿化石，再加上中间几十万年的化石证据，一条完整的红毛猩猩进化的证据链就形成了。

猩猩又称红毛猩猩，原来生活在亚洲大陆，在我国华南多有分布。专家们推测，红毛猩猩在历史上曾经在广西分布，从化石证据来看，至少在1万年前，广西还分布着相当多的红毛猩猩，但在这以后，可能由于人为干扰和生态环境变化，红毛猩猩的栖息地逐渐萎缩，目前仅分布于印尼的苏门答腊岛上。

会不会在元宝山地区由于原始自然环境保存完好，还残存有少量红毛猩猩呢？

红毛猩猩的牙齿将化石链条穿起来

我们现在只能从电视、电影或者是到动物园去欣赏红毛猩猩。当然，有条件出国去苏门答腊岛的话，也会看到红毛猩猩。根据化石证明，一万年前它在我们国家消失了。不过，两名护林员却告诉我们，他们看到的东西很有可能是红毛猩猩。这的确给我们打开了一个思路，科学家认为这个发现绝对是非同小可，他们是否认同这个地方奇怪的生物就是红毛猩猩呢，他们将展开怎样的调查呢？

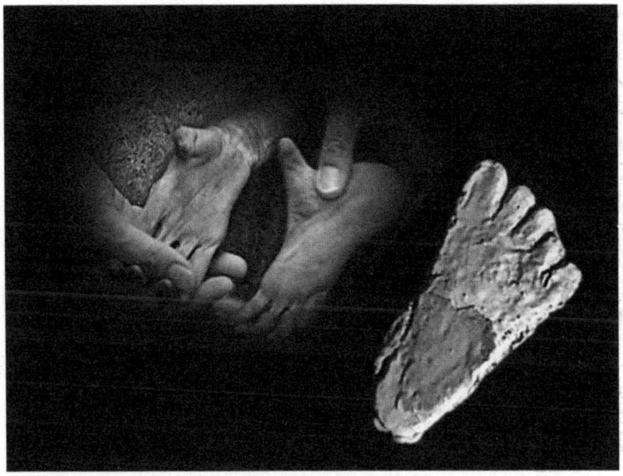
猩猩的脚与采集的野人脚印有很大差别

周国兴在多年考察过程中发现，目击者描述的野人多是弯腰行走，出现时间也相对短暂，这与红毛猩猩习性十分相似，这个被说成野人的人形生物，会不会就是红毛猩猩呢？

他找到了曾经近距离目击过野人的护林员何玉周、何任权，让他们再次模拟见到过的野人形态。

周国兴：“我给你看的时候呢，像就像，不像就不像，你不要说我给你看，你就说像，你就按照你看到的东西跟这个对比，哪个地方像，哪个地方不像，我一张张给你看。”

何玉周：“这鼻子不像。”

周国兴：“这张呢？”

何玉周：“这张嘴巴像。”

周国兴：“头发呢？”

何玉周：“毛的颜色，像这样子的。（看到长臂猿图片）这个不像，（翻到红毛猩猩）嗷！走路弓一点，像这个走路。”

通过辨认，周国兴教授觉得元宝山中那个神秘的生物似乎变得清晰起来。调查组发现，红毛猩猩的形态与目击者对野人的描述有很多一致地方。

这只小猩猩叫四毛，今年两岁，经过训练它可以直立行走一段时间。元宝山目击到的野人也可以直立行走。目击者何任权在元宝山看到的也是这样的情况。

四毛可以把厚厚的嘴唇翻上去，而目击现象中也有这样的情况。那么何任权、何玉周两位护林员所描述的那个奇怪的生物确实与红毛猩猩有相似之处。

红毛猩猩也称褐猿，在自然状态中多是孤独生活，在我们近距离接触到红毛猩猩时了解到红毛猩猩的上肢长于下肢，雄性猩猩成年后，喉袋会渐渐松弛垂至胸部，脸颊两侧长有颊疣，这使它的头部轮廓增大很多。红毛猩猩比较温顺，可以几个小时坐在那里凝视前方。红毛猩猩有个特点，它不是集群生活，90% 是孤独生活。

难道我们在元宝山腹地苦苦寻觅的野人就是我们既熟悉又陌生的红毛猩猩吗？难道是它们的后代躲进了大山深处，又在不经意间与我们相遇了吗？

周国兴："虽然我提出了红毛猩猩可能就是野人，作为候选之一吧。我还是有疑问的，为什么呢？在自然界中形成一个新种的话，往往要经过几十万年甚至 100 万年的时间。作为红毛猩猩，它如果能残存下来的话，而且习惯于直立行走，我认为是有困难的。"

周教授说的最后一点，非常重要，那就是红毛猩猩能不能做到直立行走，现在我们真的不大清楚。根据古人类学家对最早从树上下来的猿的判断，恐怕是因为全球气候条件改变，猿为了要生存就从这棵树搬迁到那棵树，这样迫不得已下树直立行走。在这个过程当中，肯定会有被天敌吞食的危险，于是走路就变得非常重要，慢慢地又有一部分猿终于学会了直立行走，学会了可以不在树上生活，这才有了后来演化的故事。但是红毛猩猩能不能做到这样，人们还不知道。再有一点，根据化石来推断，红毛猩猩大概在一万多年前就已经在中华大地上彻底绝迹了，就目前来看，世界范围之内野生的红毛猩猩，也只生活在印尼的苏门答腊。如果说这个地方还有红毛猩猩的话，恐怕也是人带来的，但是红毛猩猩是很稀少的，谁也不会把红毛猩猩运到元宝山来。是不是红毛猩猩，我们觉得疑点颇多。

尽管在调查中目击者提供的信息与红毛猩猩行为有很多相似之处，但那个目击到的生物是不是就可以推测为红毛猩猩呢？除了化石证据外，调查组还必须在元宝山找到关于现存红毛猩猩的直接证据。

吴新智："我们知道猩猩有一个习性是晚上在树上，用树枝做窝睡觉。那么就看看树上有没有窝，另外再看看有没有粪便，如果有死掉了留下来的骨头就更好了。猩猩有时候要蹭痒痒，在树上蹭蹭毛，看看树上有没有蹭过的痕迹。”

在对元宝山地区野生动物进行考察之后，调查组没有发现任何有关红毛猩猩个体活动的证据。

实际上在一万年前，红毛猩猩在广西境内就已经消失了。在红毛猩猩大规模消失的同时，会不会在元宝山存在这样一种可能在这极为特殊的自然环境下残存着一支红毛猩猩种群呢？

但专家们却认为，虽然目击者描述的野人形态与红毛猩猩有很多相似之处，但同样也有不一致的地方，其中最关键的就是红毛猩猩不能够长时间直立行走。

黄乘明（中科院动物所研究员）：“与人类很亲近的动物，像猿、类人猿这一类，包括黑猩猩、大猩猩、长臂猿，它们在活动的过程中，直立的机会都很少。我们知道大猩猩和黑猩猩都是爬着走的，长臂猿在树上用前肢很灵活，但是一到地面上，就站不稳了，所以它也不是直立的；到目前为止，唯一能够直立行走的就是人类。”

黄乘明教授认为，直立行走这个特点，不应该是红毛猩猩具有的，而人们目击到的这些野人，却都有这个特点，所以说野人是红毛猩猩这个说法，不能完全令人信服，而且从物种生存的基本条件来看，任何一个物种要想在一个地区存活的话，必须要有一定的种群数量，红毛猩猩也不例外。

吴新智：“从现在一般生物学的原理讲，它要能够活下去，一定要有一定的种群，一定要有它的生态环境，在元宝山地区这些条件都是缺乏的；在这样一种科学背景上进行推测，应该说是没有的，但这只是一种推测。”

中科院动物所的李明教授通过调查濒临灭绝的金丝猴种群，也对元宝山地区有红毛猩猩的说法提出了怀疑。

李明（中科院动物研究所研究员）：“这是滇金丝猴，也是灵长类里最漂亮的一种金丝猴，它目前的分布情况就是在金沙江和澜沧江两个非常狭窄的范围里，目前来讲大概有十五六群，总数量不到 2 000 只。作为元宝山来讲，从几百年前到现在，目击到的情况都是一两只，从种群遗传学或其他理论来考虑，

一颗四十万年的猩猩牙齿化石引起了专家的注意

它能生存下去吗？我认为如果是这种情况，早已灭绝了。”

有人提出来也许它们不是巨猿的后代，但它们是红毛猩猩的后代，这让人眼前一亮。但之后，静下心来具体分析就发现，这里面存在着太多的疑点。首先红毛猩猩恐怕已经无法做到像人那样直立行走，这与众多的描述完全不符。再有一点，如果说红毛猩猩得以在广西元宝山地区继续生存下来的话，那么种群数量应该是相当大的。但可惜，我们从来没有抓到一个活体，或者是死的个体，这又是野人问题的一个死结所在。因此我们讲，红毛猩猩不会远涉重洋，从印尼跑到中国或者说是一万多年残存下来的个体。一万多年之前残存的个体想要活到今天，实在是太困难了。所以我们认为，关于红毛猩猩的讨论可以就此打住了。元宝山地区野人之谜，到底还有没有其他更多的解释和发现呢？有，那就是毛发，这团毛发又是来自于哪里呢？

6. 丛林迷影

马贤将一根珍藏 18 年、在当地收集的野人毛发交到记者手中，希望对元宝山野人调查有所帮助。记者在元宝山苦苦寻找，在众多的目击叙述之后，终于有实物浮出水面，它能否为野人的存在提供有力的证据呢？在仔细观察后，新的问题摆在了面前，马贤仅存这一根毛发给检测带来了诸多不确定因素：只有毛干、没有毛囊，专家全力解读，结果仍是扑朔迷离。然而，村干部杜广荣在一处悬崖上见到了一个毛茸茸的身影，它趴在山洞口，露在外边的竟是一只像人的脚板！县博物馆馆长石磊了解情况后，怀疑那山洞可能就是野人居住的洞穴！他们请来了广西南宁的登山探险队员，准备对这个“野人居所”一探究竟。

如果说元宝山地区众多关于野人的传说，既不是巨猿，也不是黑熊，更不是红毛猩猩的话，那到底会是哪种生物留存下来的呢？看来事情发展到这里，种种线索都已经中断了，不过，幸好我们还有一个宝贝，那就是马贤先生。马先生觉得把贾志现推荐给我们，似乎是一件自己做得并不太好的事情，于是，把他珍藏多年的一团当年收集的野人毛发拿给了我们。

马贤原是三江县的一名宣传干部，自从调查组在元宝山调查关于目击野人的事件以来，我们和他有过很多次接触，马贤先生也曾经特意找到我们，还拿出了他珍藏已久的一个小纸包。

马贤：“我考察湘桂黔三省边缘的原始森林，我讲我去考察野人，就有人提供这个毛发给我。这个毛发我已保存 18 年了，现在你们来，我就把这个毛发提供给记者，由记者交给有关科研部门进行科学鉴定，为揭开野人之谜提供一条线索。”

我们了解到，当年马贤在山里调查的途中遇到了一位老猎人，那位猎人告诉马贤，他在一个树杈上发现了这些从未见到过的棕红色的毛发，马贤听了非常兴奋，向老猎人说明来意后，老猎人将毛发送给了他。马贤告诉我们，由于当时人处深山之中，地点现在已经回忆不起来了，这些年来他曾多次试图查找也都没有结果。

当调查人员将这根保存多年的毛发拿回驻地时，负责摄像工作的王红军记者感到不对劲。他想起了当年拍摄另一部野人题材电视片时的情况。

王红军：“上次我们去拍那个毛发的时候，毛发专家给我们拿出几根这样的头发，颜色、粗细跟这根差不多，我当时拍特写的时候，觉得这根头发非常像那种假的野人毛发。真的野人毛发谁也没见过，但是假的我见过。”

王红军记者所说的是他在拍摄神农架野人调查电视片时遇到的情况。

神农架位于湖北西部，是我国保存较为完好的原始森林分布区域。迄今为止，在神农架，已经有数百人目睹过一个神秘的身影：它直立行走，浑身长满毛发，看起来就是像我们人一样的灵长类动物。

冯祚建是中国科学院动物研究所的研究员，多年来从事动物分类学的研究工作。早在 1974 年，他就走进神农架，对一些所谓的野人毛发进行过鉴定。

冯祚建（中国科学院动物研究所研究员）："听说湖北房县的神农架地区有一位叫殷洪发的农民，曾经在上山拾柴火的时候，听到附近有野人的声音，然后野人跑到他跟前，跟他进行了搏斗。"

殷洪发："它的外形跟人是一样的，就是眼睛这儿凸一点，它是个女的。"

冯祚建："在搏斗的时候，他一把抓着野人的头发，野人一反抗就跑了，所以他就把头发拽在手里面了。"

在神农架山区，流传着野人毛发可以治病的说法。所以，殷洪发从野人身上拽下来的毛，被人们保存了起来。但是，在后来的调查中，冯祚建发现所谓的野人毛，其实不过是一种叫作明鬃羊的动物毛。

冯祚建："最后证明标本室的毛和搏斗得来的毛完全一样，就是明鬃羊。"

那么殷洪发为什么非要说成是野人的毛发呢？

冯祚建："当时我们觉得是一个谜，究竟是为什么？明明是明鬃羊的毛，他为什么说是野人的毛？事隔多年以后，我们再有人去访问他，殷洪发说了实话，他说当时就是为了吓唬小孩，让小孩晚上别到处乱跑，所以就说跟野人搏斗，希望他们以后晚上别到处乱跑，早点回家。"

殷洪发的这团毛发最终鉴定结果和事情的原委经他自己说出来之后，确实是让人哭笑不得。这也让我们前去调查的记者不由得怀疑，在众多的野人报告中，那些毛发是不是也都是像殷洪发拿来的毛发一样，没什么神秘，只不过是属于某种野生动物而已。周老师他们告诉我们说，其实这种担心大可不必，我们说的问题，我们怀疑的问题的确存在，在他们收集到的关于野人目击报告中的毛发样品，确实有不少都是已知的各种动物，如苏门羚、羚牛，还有像这种明鬃羊之类的动物，但是也有一部分让人感觉到莫名其妙，但又不好说什么。这话怎么讲呢？我们说，如果我们拿到一根毛发来判别它到底是人的毛发，还是动物的毛发，肯定要进行一个详细的对比才能最终确定。但问题就在于，我们没有野人的标本或者是活体，没法有一个参照系统。因此有不少的毛发就处于这样一个未知状态，知道它不是人，不是已知的生物，但它是什么谁也说不清楚。还有，周教授也给我们讲了一件事情，他曾经拿过一个样本说是野人的毛发，但是经过研究发现，它是被染色的，染成了红色。我们收集到的很多野人毛发样本都是红色的，经过对它的鉴定发现，这根毛发是属于人类的，但蹊跷在哪儿呢？他不属于蒙古人种，也就是说不属于黄种人，而是属于白种的高加索人种。到现在，周老师也没有想清楚这个问题的答案，他到底是什么？马贤给我们提供的这团毛发又能给我们提供什么样有价值的线索呢？

马贤提供的这根棕红色的毛发是不是野人或者是别的生物的呢？科研人员发现这根毛发，没有毛囊和发尖。发尖就是我们通常所说的发梢，只要它跟环境接触，就一定会出现磨损，而毛囊是认定这个生物性质的一个依据。那么，这根连毛囊和发尖都缺失的毛发，究竟能说明什么问题呢？这根毛发给科研人员出了一个难题。

佘锐萍是中国农业大学博士生导师，长期从事动物病理学和兽医公共卫生学等多方面的教学与研究工作。她认为，从形态学方面对所提供的动物毛发样本进行比对，是获取研究对象最直接的信息途径。为了配合我们的工作，他们准备了 10 种毛发样本进行比对。

佘锐萍教授告诉我们，认定一个物种的性质，首先要进行形态学方面的检查，为了这次检测他们做了充分的准备。

佘锐萍（中国农业大学动物医学院副院长）：“从证据来说，生命科学的探索最重要的是掌握形态学方面的证据，而形态学的证据应该说在探索领域里是最有说服力的。”

在生物医学院电镜室贾君镇老师的帮助下，专家们采用扫描电子显微镜的方式进行观察，他们分别用 1000 倍、5 万倍、10 万倍电镜观察比对野猪、黑熊、金丝猴、猕猴、红毛猩猩和人不同部位的毛发，并对其进行了形态学方面的检查。

佘锐萍：“毛发结构不同的动物可能有所区别，同一种动物不同部位的毛

马贤画的野人

发的结构，在外观上也是有所不同的。”

由于提供的毛发样本并不知道是出自身体哪个部位，科研人员在比对毛发时就有些困难了。

通过对马贤先生提供的那根毛发与多种动物和人类的毛发进行比较，科研人员认为由于自然界的生物种类繁多，对于所提供的样本毛发究竟是何种生物，单靠形态学的比较还远远不够。

为了进一步弄清其性质，记者还把电镜图片发给了东北林业大学的毛发鉴定专家张伟教授。张伟教授认为，从毛发的外观看它是属于哺乳类动物的，但很难确定它是不是属于灵长类动物。

这期间我们还和张伟教授通过电话。他说，包括人发、人胡须还有猴子的毛发，甚至熊的毛发，好多结构都有共同点。对这个没有毛囊的毛发提取DNA很困难，只能提取线粒体DNA，能不能成功提取出来保证不了。

DNA鉴定技术，我们都知道它对于任何一个人而言，应该讲都是一种新技术。现在世界上有3个人已经完成了对自身的全序列的DNA测序，包括中国的炎黄一号，可以说技术的进步给科学研究带来了很大帮助。我们可以看一下，图中这是几种不同的生物毛发在电镜之下进行的对比。这是野猪的，这是黑熊的，这是猕猴的，这是人的，这是金丝猴的，最中间的就是所谓的不知名的一种生物，或者说是野人的毛发。我们可以看一下，这些毛发上面有好多鳞片一样的结构，如果我们把这些字都挡住的话，您能看出来哪种对哪种吗？我估计任何人都看不出来。再有一点，张教授说线粒体DNA可以进行测量、进行分析，但是能不能做出来恐怕还要另当别论。即便这根毛发是有根的，可能用处也不大。为什么呢？就算我们通过现在的技术把它的整个序列测出来了，证明它的哪段基因跟我们人不同，这也没有任何用处。为什么呢？比如我们人跟果蝇有90%的基因都是一样的，但是我们的基因最后表达的结果是，我们长成了这样的人，而果蝇就变成了一种非常小的昆虫，差别就在基因的一星半点中体现出来了。

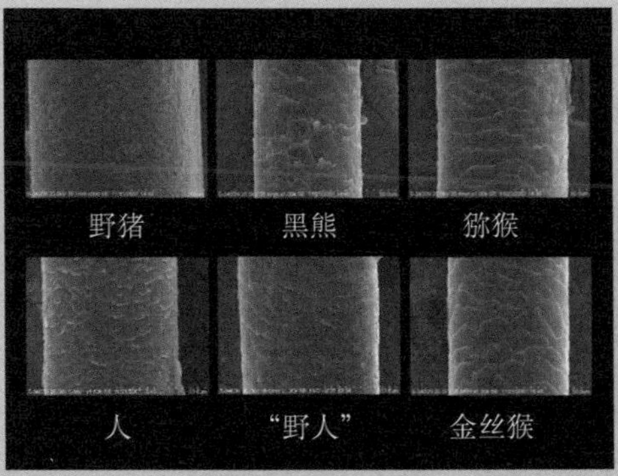

不同的毛发比较

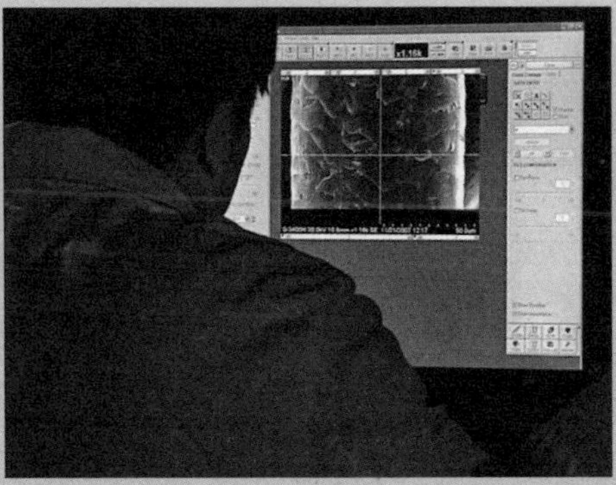

鉴定野人毛发

苗寨

可是，我们测完它之后，没有一个对照的对象，这是问题的关键所在。所以说即便是测出来它跟人类再像，你也不敢确定它是什么动物身上的毛发。转了半天，最后还是回到那点上，因为我们始终没有获得过活的或者是死的野人个体，也就没法给它设立一个坐标系。因此，即便是测出来也只能告诉我们，它可能不是人，它可能不是野猪，它可能不是黑熊，它可能不是猕猴，它可能不是金丝猴，但它是什么，谁也不清楚。从DNA鉴定角度讲，我们目前也只能进行到这一步了，关于元宝山的野人调查，我们下一步又该做些什么呢？

在元宝山调查时，又有人提供了一个令人兴奋的线索，说他发现了野人居住的洞穴！

于是我们从县城出发经过几个多小时的路途，终于到达了目击地小桑村。

这是一个隐蔽在群山之中的偏僻小寨，目击野人的杜广荣就住在这里。杜广荣是小桑村的村干部，由于他平时做事认真负责，群众都比较信任他。

在采访中，他向我们详细叙述了事情的经过。杜广荣说，那是在苗历四月初八，按照苗族的习惯这一天家家都要准备糯米饭，于是他也上山捉一些青蛙小鱼作为配菜。

他登上山崖的时候，听到了像扔石头一样的响声。杜广荣叫了声："谁在那里啊？"他发现在对面半山腰的山洞里似乎出现了一个身影。

杜广荣：“后来它一猫腰就进去了，那个动作就像人醉酒一样，身体一边低一边高。”

杜广荣经常上山，从没有发现过这样的生物，于是他大着胆子仔细观察。

杜广荣：“像人一样，好像黑黑的，好像有毛，我就怕了。”

在调查中，杜广荣反复强调他看到的这个生物与以前见过的熊和野猪都不同，重点就体现在那只动物的脚上。杜广荣说，我看它的脚不是这样，它的脚露出来像人一样。

杜广荣也曾经找到经常进山的人，打听山洞的情况，但是好像没有一个人走到过那个地方。杜广荣见到的这个灰黑色、行动有些缓慢的东西究竟是什么呢？它会不会是传说中的野人呢？

有人对杜广荣所描述的现象表示怀疑，因为他描述的这个生物的存在似乎不符合常理，但杜广荣却十分肯定，他觉得亲眼所见的东西一定是真实的。

杜广荣：“它的脸往崖洞那边看，后来我再叫一声，它就进里面去了，露出一只脚来。”

传说中的野人为什么将脚露在外面，是否洞内还有其他情况呢？调查人员一边了解杜广荣所描述的山洞情况，一边做着准备工作。大家推测，如果杜广荣所描述的这个山洞存在的话，就非常有可能发现有关野人的直接证据。

调查人员经过认真协商，决定邀请南宁的登山探险专家到元宝山来协助探洞。

杜广荣描述的这种事情确实一听就让人觉得毛骨悚然。试想，虽然你久居大山当中，对于山林环境非常熟悉，但从小你的长辈、身边的老人同伴就拿各种各样的野人传说来吓唬你的话，难免心中也会有一种恐惧感。说实话，当时我们听了杜广荣的描述，心中一阵狂喜！为什么？因为这是能够找到的、比较确切的新近发生的事情，如果它是真的话，追寻下去也许就能够遇到野人。再加上杜先生告诉我们说，最后那个东西跑到山洞里去了，看来一切答案的揭晓，恐怕就在于那个山洞了。

7. 走进野人洞

调查组到当地了解到，杜广荣所描述的那个山洞，是在半山腰，至今还没有人真正到过那里；但是关于野人存在的说法，当地村民大多都深信不疑，这更引起了大家的兴趣。

调查人员一边了解杜广荣所描述的山洞情况，一边做着准备。人家推测，如果杜广荣所描述的山洞真的存在的话，就非常有可能发现有关野人是否存在的直接证据。

经过认真协商，我们决定邀请南宁登山探险队员到元宝山来协助探洞。宾宇丹是中国登山协会高山向导，曾经成功攀登过青海玉珠峰、新疆慕士塔格峰等多座山峰，有着丰富的洞穴探险经验。这次到广西元宝山洞穴进行寻找野人的事情，他还是第一次。

“野人”洞穴

宾宇丹（广西南宁高山攀登教练）：“说真的有点忐忑不安，以前面对的是什么呢？是陡峭的岩壁、非常恶劣的洞穴环境，这次好像是有一种未知的、大型的生物或者是野人，也有可能是熊等动物，在前面等着你。”

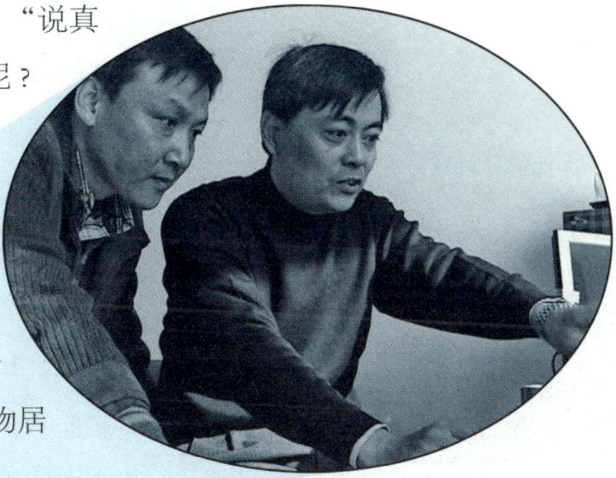

黄乘明教授在向记者说明元宝山不可能有白头叶猴名

宾宇丹的担心不无道理。面对一个未知的洞穴，特别是一个传说有不明生物居住的洞穴，谁的心里都会忐忑不安。

探寻元宝山洞穴的准备工作正在紧张地进行着。就在进洞的前两天，元宝山地区突然下起了雨，这给我们的探险工作增加了难度。登山教练宾宇丹在调查山洞情况时发现了问题。

他事先进山进行了一番探查。在他拍摄的照片中发现，经过两年的变化，杜广荣指认的洞穴位置已经看不清楚了。

大家认为仅仅根据拍摄的照片分析，还不能确定洞穴的情况，因为拍摄的距离较远和雨雾的存在都可能对成像质量造成影响，为了弄清楚真实的情况，还是要实地取证，山洞的情况到底怎么样，洞里会不会有野人？许多人心里都不能平静，宾宇丹更是有些担心。

宾宇丹：“说实话，来之前基本上是不相信的，一笑了之。但是这几天和老杜他们这几个猎手在一块吃饭、聊天，在看这些点和线路的时候，心里面还是会有一些不知道将会遇到什么东西的感觉。”

人们对于雪人、野人的关注，起源于 20 世纪 50 年代，当时有不少登山者称他们遭遇到了雪人。到了 1953 年、1954 年的时候，苏联就刊登过一篇文章，说是有一支由乌兹别克斯坦科学院、彼得格勒大学共同组成的水文考察队，在帕米尔地区发现了雪人，之后不久我国新疆的一位名叫白辛的摄影师也说，他曾经在慕士塔格峰，也就是慕士塔格冰山上面，看到过两个非常像雪人的生物。20 世纪 50 年代我们在跟苏联进行广泛科学合作的时候，裴文中教授还成为当时中苏双方共同研究雪人问题、交换学术报告的负责人。由此可见，那个时代人们还是非常想知道这个雪人和野人到底是什么的。到了20世纪70年代的时候，我们国家又组织过一次大规模的、关于神农架地区野人的考察，非常遗憾，虽然人数众多，耗费精力、时日不少，只是找到了一些毛发和脚印的样本，根本没有发现活体或者是死亡的个体。从那之后人们对野人的兴趣似乎逐年在减淡，但是，关于野人的报告却仍旧时有发生，就好像元宝山地区一样。那么说到底，元宝山地区的这次目击报告，就把我们的目光吸引到了这个山洞当中。在山洞里面，我们到底能找到什么呢？

迷雾笼罩的元宝山

目击者心有余悸

第二天一早，在小桑村有经验的村民配合下，调查组人员向元宝峰进发。当地流传这样一句话“元宝峰十人九不成”，说的是它的路途艰难。大家心里最大的压力就在于能不能找到山洞，能不能发现有价值的线索。

到达半山腰能够看到对面山洞的位置以后，发现在两山中间还隔着一条山涧，如果要到达山洞的位置必须绕道而行，大家根据杜广荣指定的方向做了准备。

要去探险的那个山洞并没有路，为了安全起见调查组人员决定兵分两路进行，一组由登山教练宾宇丹和记者王红军等人进洞，另一路人在对面的山上观察录像，并指挥探洞的计划进行。

来到山上，是否会惊扰隐藏在山里的野生动物，为了不放过任何动静，记者们迅速架好了摄像设备，开始了拍摄。这时候另一个探险小组的同志已经向山顶攀登。

探洞的人员明白，要想达到进洞的目的，必须先走到有洞口的上方的山顶，然后用绳索从山顶下降到洞口，这样才能进洞。探险小组选择的就是这个方案。

由于天气异常，在观察指挥点，我们的镜头只能拍到浓密的森林，只有通过步话机联系，才能感到对方的存在。

现场人员："我们到岩顶了，看到山洞了。"

宾宇丹："我想问你一下，我们现在所处的位置是不是那个野人洞的正上方，它的垂直的正上方？"

由于探险小组看不到自己所在的位置与洞口方向是否一致，他们必须依靠对面山上的指挥才能确定下降的地点。

何长春（融水苗族自治县公安局森林公安分局副局长）："你们现在的位置已经对了，要注意安全啊。"

此时负责保卫的人员也到达了最近的地点，探洞队员开始检查探洞的工具，同时村民向导很快清理出了一块几平方米的空地。

现场人员："各个点注意，各个点注意，我们准备下降了，我们准备下降了！"

宾宇丹第一个下降，他不断用随身带的砍刀清理下降时的障碍物。又是一阵雾过来，探测山洞的队员彻底消失在云雾中。洞中的情况会是怎样，野人是否隐蔽其中呢？

现场："现在雾很大，我们还是看不到你们。"

王红军："我们现在准备下去，宾宇丹已经到那个岩洞那里了，我们准备到洞里看一看。我的意见，我们还是先下去，我这边先拍摄，你那边如果看不见的话那也没办法了。"

宾宇丹在山腰的一个岩石的旁边，果然发现了一个洞穴，跟着几个人下来，对洞前杂草树枝稍加清理后，小心地向洞口方向走去。

走过一个狭长的通道，他们慢慢适应了黑暗的环境。

探洞队员从高山下降靠近野人洞穴

探洞队员发现洞地面积有7～8平方米，探洞队员们仔细地观察每一个角落，他们努力地寻找着。

石磊（融水苗族自治县民族博物馆馆长）：“我们几个人就仔细地在洞缘、洞壁还有洞底下寻找，看有没有野人遗留下来的毛发或者粪便之类的东西。”

探险队员发现洞内有一定空间，就在向前探寻的时候，他们意外地发现了山洞的另一个出口。

他们小心地向外爬去，结果这个出口却在一个石壁的下方，这处洞有进口也有出口，栖息、逃跑都十分方便。

宾宇丹：“我们进去既没有发现什么毛发，也没有发现其他痕迹也就是说没有发现其他生物在那里长期生活的痕迹。”

根据探洞描绘出的实景情况，进入洞穴经过突出的石壁就有一个3平方米的空间，再向里面发现顺着石壁的上方就可以攀登到另一个出口。如果有生物存在的话完全可以进出自如。

宾宇丹：“这个洞穴所具有的特征非常适合于一个身手比较敏捷的、中大型以上的生物作为长期或者临时的居所。”

黄乘明教授是研究灵长类和猫科动物的专家，二十多年来积累了丰富的经验。他参加了国家林业局部署的全国陆生野生动物调查工作，并深入元宝山腹地探寻野生动物的情况。元宝山会不会有野人呢？

探寻野人洞穴

黄乘明（中科院动物研究所研究员）：“我们调查发现，这个地方的动物数量和周边的类似环境的动物的数量、种类差不了多少，大型动物的话，比如说有一些黑熊，灵长类的话就是猕猴，这些都是很普遍的，有蹄类的就是苏门羚，这一类就算是比较大型的动物了。从动物的结构、植被的结构来说，这个地方不算是太特殊。”

探寻元宝山

听到目击者在元宝山发现野人的情况，黄教授认为杜广荣在悬崖上看到的那个生物不可能是黑熊这样一类较大的动物！

黄乘明：“不要说黑熊，比黑熊更灵活的很多动物，比如说灵长类，像普通的猕猴，要爬到那个悬崖峭壁上住进山洞的可能性都不太大。我们观察到最厉害的、攀爬能力最强的一种灵长类就是分布在广西的白头叶猴和黑叶猴。”

白头叶猴是我国的特有物种，是国家一级保护动物，生长在广西的山区里，因为喜欢吃树叶而得名，性情活泼，特别好动，而且它们攀爬悬崖峭壁的能力非常强。在奔腾跳跃中，全靠长尾巴保持平衡。广西山里有很多环境是喀斯特地貌，有很多天然的石洞，白头叶猴晚上就住到石洞里边，而白天就从那个石洞里面出来活动。

黄教授向我们展示了他在广西拍到的这样一张照片。黄乘明说，只有这种叶猴，长期生活在这种石山环境里面，练就了一身本领，能够在悬崖峭壁上面上下自如，左右移动，其他动物基本是不可能在悬崖绝壁上活动的。

杜广荣在这个洞口看到的是不是野人呢？黄乘明认为，作为老百姓来说，不可能像我们野外工作者一样，拿一个望远镜，把它看清楚，到底是什么东西，可能是一个模糊的印象，说不定就是一块石头，或者是其他什么东西，这些可能性都是有的。如果看到的真是一种动物，有可能是鹰一类的东西。

黄教授认为目击者在悬崖峭壁的山洞看到的可能是一种动物，也可能是

向野人洞穴靠近

一种视觉误差。但很多人仍然疑惑是否有野人存在。

黄教授告诉我们说，当时他们是一路走访，一路搜寻，问老百姓，你们这里有没有什么奇怪的生物？如果说这个山里有一些很奇特的东西，但是不为人所知，老百姓自然不讲。就像祁山小精灵，其实是一种小鲵，个头很小，又生活在溪流、石缝中间，人们基本没见过它，所以也就不说，或者是见多了不觉得奇怪。但是，如果说山里有像野人这么有名的东西的话，那不可能是没有人知道，也不可能不说。再有一点，黄教授说，像你们提供的这份目击证词，四十多米外看见有双毛茸茸的脚，那几乎是不可能的。黄教授的分析让我们觉得确确实实是有道理的。但是，当地众多的言传，难道都像黄教授所说的是子虚乌有的事情吗？就在这个时候，我们收到了一盘录像带，看到的内容让所有人都傻眼了，为什么呢？

8．神秘的舞者

在元宝山的培秀村有古老的故事凄美动人，而村中老人语出惊人，证据近在眼前！它究竟是一只没有尾巴的猿猴，还是身形高大的野人，苗学专家解读百年石刻，我们找到了野人的形象记载？一盘录像提供了新的线索：在元宝山的东麓，会定期出现几个全身覆盖芒草、隐去真实面目的芒高。他们是谁？为什么要这样装扮？记者进入大山深处，芒高再次出现了！原来芒高是融水地区特有的舞蹈形式，它到底预示着什么，与野人之间到底有什么关系呢？苗学专家解读这一有着深刻渊源的现象。

小桑村的杜正陆是元宝山的护林员，也是一个采药能手，村子里的人都钦佩他的能力也很信任他。没想到他在这里居住了几十年，却遇到了传说中的野人。

那是早春时节，杜正陆一大早就进山采药，接近中午时分，他正在溪水边，突然听到背后不远处传来一个响声。他回头一看，像是一个人形的东西在跑动，这一下把他吓坏了，深山里难道会有怪物吗？

目击者杜正陆看到的野人大概有1米到1.2米。当问他为什么觉得它像野人，老杜说，因为那个生物熊不是熊，猴子又不是猴子，又不是野猪，所以怀疑它就是野人。

他还说苗语把它叫作那乌。把野人称为那乌是这里独特的叫法，杜正陆说的那乌是什么呢？

贾仲益（中央民族大学民族学与社会学学院博士）：“那乌在不同的地方说法也不太一样，苗话直译是山里的人，实际上在苗族民间传说里面那乌是普遍

考察队和苗族同胞在一起

存在的一种想象物，但是我们大家都没有见过它，包括说到这种东西好像是真实见过的老人，他自己并没有见过，只是他好像以某种方式跟它打过交道。”

杜正陆发现的这个被称作那乌的野人，当时距离他大约有 100 米，杜正陆很难看到它的面部，但发现它走起路来非常有特点。

杜正陆：“仔细看了一下，那个地方有像我家房子那么大的石头，它知道我在这里活动，就怕人，就翻过石头逃了。”

在杜正陆的目击报告中我们注意到了那乌的称谓，调查组随即对他目击野人的地点进行调查，但没有发现任何野人留下的痕迹。杜正陆目击的野人事件还无法证实。

有趣的是当我们询问村里的村民是否也有过类似目击野人的经历时，发现了一个奇怪的现象，几乎所有的村民都坚信有这种被他们称作那乌的野人存在，即使没有目击到野人的人，也毫不怀疑这里的山林有那乌存在。采访当地老人，问他们周围有没有野人时，他们十分肯定地说有，虽然自己没有亲自看见过，但确实听说过。

从寨子里人的说话，我们不难看出，当地人似乎对那乌或者野人的存在深信不疑；并且种种迹象表明，有众多的文化现象都和野人有关，野人泉、野人湖、野人歌等，这一切让我们觉得有点匪夷所思。一个地方关于野人的目击报告多很正常，但是在这个地方居然发展到影响了人们的生活状态和文化生活的地步。在县志中，我们也能够看到众多的野人目击报告，这似乎在向我们证明一点，当地人与这个传说中的那乌似乎是错综复杂地联系在一起。

我们的记者在调查中发现，在元宝山地区的大多数寨子里的村民，都把野人看作那乌，并且坚信，那乌一直生活在元宝山的密林里。在这里，山民们甚至还将他们认为的那乌编成了歌进行传唱。歌中唱到野人泉的地方曾经有野人在这里生活，石碑上还有它的图像。据记载野人泉是清代修建的。

石磊：“它的手是很长的，没有尾巴，头很大，像猴子又不像，像人也不像，可能介于两种之间，但是这一带的人管它叫野人，目前我们也是很难理解的。”

浮雕上的形象更接近于猴类，难道元宝山传说的野人那乌，就是一种猴子吗？

贾仲益：“猴子和苗族的生活关系并不是非常密切，作为重要的艺术元素具有非常复杂的象征意义的主要是燕子、鸟形、蝴蝶、枫叶、牛角，这些东西经常会出现在妇女服饰上，或者是房屋建筑的雕刻里边，很少有猴子这种形象出现。我们在苗族腹心地区，看到的这种带有文字的石刻，包括石刻里面表现出来的这种形象，很可能是内地汉族地区的文化传进来之后，留下来的遗迹。”

对于这幅图，不同的人有不同的理解。当然，这是一件属于过去时代的物品。如果你非要说这是一个野人，像猴一样的野人在戏弄一匹马，也能说得清楚。关于这幅画，可能真的是仁者见仁，智者见智，不同的人肯定有不同的理解。贾先生说的这个话也是很有道理的。可是，他说的这些话是基于自己的学术观点，从这个角度讲没有错误，但是如果结合当地民众的一些风俗，我们就会发现这个地方确确实实有奇怪的东西存在，要不然怎么会有这么多关于野人的东西。当地的记者告诉我们说，在他们这里有一种奇特的风俗仪式，从中也许我们会得到更多的启示。

在元宝山历时一个多月的野外调查中，调查组没有发现任何一件能够充分证实野人作为一个物种存在过的证据。但令人奇怪的是，为什么这个地区从20世纪至今，不断有野人目击的报告呢？在目前科学证据仍不足以支持元宝山地区存在野人的说法的同时，当地村民却始终认为山林里确实有一种被称作那乌的野人存在。

我们的记者在元宝山地区调查时发现，在野人歌、野人泉的背后还隐藏着一种更为神秘的习俗。录像中这两个身披茅草奔跑在山中酷似野人的神秘人物，是元宝山地区特有的一种习俗——芒高。

相传芒高是一种怪物，每年农历的正月都在元宝山举行芒高节，苗民们通过吹芦笙、跳踩堂舞来驱赶它，同时让它带走一年的灾难和病魔。装扮成芒高的后生头戴面具，身披芒草，手脚涂黑，从山上狂奔而下，然后跳起了粗犷的芒高舞。他们身上的芒高草是当地高山上的一种寄生藤草。

贾中益：“从形象上来讲现在用的是在元宝山周围比较经常看到的一种青

目击者比画着见到的野人形态

藤，这种藤枝蔓非常多，而且非常细。”

如果芒高酷似目击报告中描述的野人形象，他单独进山，很可能给不知情的山民一个意外。

假如小桑村的杜正陆看到的是这个“野人”；

假如培秀村的梁汉昌祖先曾经猎杀过的也是这样一个“野人”；

假如培秀村的何任权看到的还是这样的“野人”……

为了查清芒高仪式的真相，我们的记者来到举行这一仪式的安陲乡九筒村，这里位于元宝山的腹地，安陲乡文化站负责人告诉记者，芒高的组织者确实有特殊的安排。

赵志勤（融水苗族自治县安陲乡文化站站长）：“这个芒高的扮演者只有寨主心中有底，他提前通知那些扮演者做好准备，其他人是不知道的。”

通常负责装扮芒高的都是村子里有影响的人，他们使用的化妆的颜色都是用锅底灰制造出来的，扮演者一定要身体强壮，披上十几千克重的芒高草，跑很远的山路是不容易的。

野人泉上的浮雕

但在赵志勤看来，山民绝不可能将芒高看成野人，因为芒高是一种神秘的仪式，它的组织和行进的路线都有严格的限定，在其他时间举行是绝对不允许的。

既然在元宝山找不到野人作为物种存在的依据，为什么当地村民还年复一年地举办这种仪式，并把自己打扮成野人形象在山林里穿行呢？芒高仪式与野人之间有哪种联系呢？九筒村里精通历史掌故的老人认为这个形象来源与野人出没有关。

苗族老人：“以前我们这一带的山中经常有‘那乌’出现，我们的祖先是看到了那种形象，才模仿制造了现在的芒高。这里还有祈福平安的意思，我在元宝山生活了七十多年，我家的老人就告诉我，芒高在这里已经流传了很多代了。”

在对元宝山地区所有野人目击报告进行核实后，专家们认为芒高的来源很可能与野人那乌没有任何关系。

贾仲益：“一般来说如果没有看到真实形象，不知道它的喜怒哀乐，或者是活动特点的自然界里面的东西，很难进入到非常有神圣意义的仪式中。所以，芒高不可能是苗族在山里面随时可能遇到的各种各样不熟悉的动物的形象。”

如果芒高的形象与野人没关系，那么这里的山民为什么要设计酷似野人形象的神秘仪式呢？在芒高的形象背后究竟隐藏着怎样的真相呢？

朱群慧（中央民族大学苗学研究所研究员）：“我认为芒高舞来源于几个方面，一是战争，二是苗族的狩猎，狩猎是要进入山寨里面和狼群在一起，才能够捕获那些动物。芒高舞不是一天两天形成的，也不是十年八年形成的，是上百年，甚至更长远的时间形成的，在当地的苗族内心或者是生活习俗中，都形成了一种深刻的概念。”

相传几百年前元宝山地区虎狼成群，当地小伙子为保护村民，身披芒草，涂黑四肢，进山屠狼杀虎，成了山林之王和保护神，因此在当地村民心中，芒高是以一个勇敢高大、并且能够保护人们生命财产安全的保护神的形象出现的。

朱群慧：“当时苗族每个寨子都有神山，保护苗族的有树或者石头，或者神人这样的方式，融水这里的芒高是以神人的方式出现，它就是想象成人与鬼的一种结合方式，披上这种芒草是辟邪的。”

当地村民相信，披上芒草以后，就能够抵挡所有的怪物，甚至山林里的野狼和厉鬼，只要人披上就能保护自己；久而久之披芒高草，就成了元宝山地区山民祈福平安的仪式，他们将身披芒草的扮演者视为山神的化身，它的出现能为山寨求得吉祥平安。

几百年来，元宝山地区的山民一直坚守着这个奇特的仪式，保护神芒高的形象植根于他们心中。因此，当他们偶然看见山林中有不明动物出现的时候，很可能会认为是山林怪物的出现，把它当成野人了。

查林（荷兰莱顿大学人类学学者）：“通常人们问得最多的是‘野人’是真的吗？它确实存在吗？我认为我们不能说有，当然也不能说没有。因为我们现在还没有完全搞清楚世界上所有的物种。到目前为止，人们还没有更为有力的证据证明野人是不是真正存在，动物学家们需要直接的证据，比如骨头、皮毛或者是野人的尸体。我们现在有的就是目击者们的证言，这些人认为自己看到了像野人一样的东西。其实，我们的研究正是从这些故事开始的。

应该说，用了很长的时间，来讲一个野人调查的故事，可能到这里大家都会觉得意犹未尽。我们同样也是如此，有一种特别遗憾的感觉和特别疑惑的异样，为什么呢？因为当地有那么多人都声称自己曾经见过野人，可我们花了这么多的心血，居然连野人毛发都没有拍到，是不是野人在跟我们捉迷藏呢？这谁也说不清楚。不过有的时候，我们普通人关于科学问题的兴趣点，真的可能和科学家会产生一些分歧。1978 年美国做过一个调查，调查对象是体质人类学家、物理学家、海洋生物学家，其中有一个问题就是大脚怪、野人是否存在，有 69% 的科学家认为这个东西纯属子虚乌有。其实，了解野人调查的朋友也都知道，在我们国家的学术界，恐怕有为数不少的人都认为，野人这个东西应该是不可能存在的。因为，化石证据没有，活体证据没有，死的个体也没有找到过，这恐怕也是野人调查的一个死结。那么，野人是不是真的只是传闻呢？说实话我们有点不愿意相信这一点，因为，无论是明代李时珍的《本草纲目》，

元宝山特有的风俗——芒高

还是乾隆年间树立于大别山地区的乾隆碑，甚至于现在广西元宝山地区众多的目击证词，似乎都在向我们说明，在深山密林之间，真的生活着一种奇异的精灵，也许它就是我们人类童年时期的伙伴之一！可能这只是我们的一厢情愿，因为有不少专心研究于野人调查的科学工作者、爱好者们也都承认，在众多的目击报告中，只有 5% 是可信的。虽然这 5% 做进一步的调查，真正能够成为有用线索的恐怕不到 1%；尽管不到 1%，也并不能完全说明这个东西真的就不存在。野人到底存在不存在，或许真的是在深山密林之中，或许只是存留于我们人类的童年记忆里。

（刘海忱）

大脚兽

大脚兽是生活在北美洲的一种外形类似于人的大型动物，主要出没于人迹稀少的森林中。在北美地区，关于大脚兽的传闻很多，但真正目睹过大脚兽的人却很少很少。

科学家们曾在山中，发现了一些大脚兽的痕迹；然而，更多的人则怀疑那些看见过大脚兽、尼斯湖怪或者不明飞行物的人，都只是在运用自己的想象力。

关于大脚兽，存在着种种推测——当然只是推测而已，它们惯于隐匿行踪，所以无从获取更多的信息——据说它们动作敏捷，总是悄然无声地越过灌木丛；据说这种动物身躯高大，像幽灵一样，大步穿过树林；它们的肩膀可能特别宽厚，走起路来像个胸肌发达的巨人，所经之地，总是留下巨大的脚印……

1. 神秘的“沙斯夸之”

近两个世纪以来，先后已有数以千计的人，声称他们看见过一种多毛的巨兽在北美森林中活动。在美国的50个州以及加拿大的十多个省，都曾有过目击这种神秘动物或者发现它们踪迹的报道。近些年来，这些发现逐渐发展成为形形色色的奇特传闻。

根据报告统计分析，太平洋西北部的密林地带，是这种动物最经常出没的地区。在那里，各种有关大脚兽的传说更加神奇多彩，简直可以说活灵活现。

这种幽灵似的生物，有很多五花八门的名称，诸如："多毛鬼""远古恶魔""北美野人"以及近来的——"大脚兽"。

神秘的不解之谜吸引了众多探险家和专家学者千里迢迢来到北美，追踪大脚兽的足迹。多年来，他们从各个不同的研究领域，认真探索着这种怪物的各种秘密。有关研究成果，曾出现在杂志论文中和电视屏幕上。科学家们一直在为此进行着严谨的科学探讨与研究。但是，虽经多年努力，还是有一个最基本而关键的问题至今没有得到最后确定——这种怪物是否确实存在？！这一切究竟是现代科学还不能解开的巨大谜团，还是一个延续了数百年的特大恶作剧？

几百年来人们屡屡报道的目击物，实际上是居住在北美洲西北部的几种巨大的未知的人形灵长类动物

有关专家认为，几百年来人们屡屡报道的目击物，实际上是居住在北美洲西北部的几种巨大的人形未知灵长类动物。假如这种说法也不能成立的话，那么，对大脚兽持怀疑态度的人们，就更要有话可说了——它们已经出现了两百年，它们不可能是什么秘密集团的成员，突然在黑暗中跳到路上吓唬人，这从情理上根本说不通。那么，可能的解释就只有一个：所谓的大脚兽，其实根本就不存在！

公元986年，雷夫·艾里克森和他的随从们，首次对大脚兽进行了文字记载。北欧的斯堪的纳维亚人在登上北美新大陆时，是这样描绘这些怪物的——"体毛浓密，皮肤黝黑，眼睛又黑又大，总而言之，极其丑陋恐怖。"

实际上，早在白人来到北美洲之前，这里已经大量流传有关大脚兽的故事了。不列颠哥伦比亚省的印第安人，把它们叫作"沙斯夸之"，意思是森林中的野人。

传说中还有比如沙斯塔山的巨人以及华盛顿山手握树枝的怪人一类的故事。在加利福尼亚州北部，克来门山的霍帕山谷里，据说也常常有大脚兽出没。

在丛林里，还有什么样的生物是我们所不知道的，大脚兽也许就是其中之一

数百年来，霍帕山谷的印第安人，一直在讲述着他们有关“沃马”的故事。杰米·杰克森在霍帕山谷中，已经生活了85年，他对大脚兽的传说十分熟悉。

“我母亲活到105岁，她见多识广，给我讲述了许许多多关于大脚兽的故事。你也许知道，大脚兽是大山的管理者，它不在山谷这一带生活，它住在那边的大山里面。大脚兽是我们的主人，所以你看不到他，永远也看不到他。但是我想，非常可能的是，那样的东西实际并不存在。据我看，所有关于大脚兽的故事传闻，都是因曾经发生的一些奇怪事件而流传开来的。我们霍帕人相信有大脚兽，大脚兽是森林的主人，所以，它一定非常专横跋扈……”

在俄勒冈的哥伦比亚河流域，美洲土著沿着河流生活。这是一条他们赖以生存的河流。考古学家们在沿岸发掘出一些像“沙斯夸之”的神秘雕刻品。它们的头比人类稍小一些，面部明显像猴或猿。

雕刻这些头部的史前土著，一定知道猿的面部是什么样子的。但是，他们又是怎样了解到这些“沙斯夸之”的呢？对现代科学来说，这一切都是未解之谜。

研究者有理由认为，这些美洲土著曾听说过“沙斯夸之”的有关故事。人们对从未见过的东西，为什么会产生兴趣去进行雕刻呢？人类是有想象力的，他们显然是在想象。他们并不知道“沙斯夸之”的特征，但是，在他们的雕刻中，处处可以发现这些特征。

还有一点引起专家们的兴趣：为什么所有对“沙斯夸之”的描绘，都如出一辙呢？很可能就是因为人们真的见过“沙斯夸之”。

数百年来，霍帕印第安人一直在讲述着有关“沃马”的故事

为什么所有对“沙斯夸之”的描绘都如出一辙？可能因为人们真的见过“沙斯夸之”

专家们认为：这就是为什么某些人会在五万年以前，创造出那些艺术作品，画出那些绘画，并且说出那类话语的根本原因。

除了石雕，这块地区的美洲土著，还创造了其他很多无法解释的神秘东西。

很多人对一只篮子特别感兴趣，因为在他们所见到的所有奎克托特篮子中，只有这只上面画有一个特别的生物。这一切使你无法解释。一般的篮子上有妇女、有马，但是这一只上有一个叫不出名字的生物。它出现在篮子的周围，没准它就是“沙斯夸之”！

随着美国西部大开发的不断推进，越来越多的开拓者向西部进发。白人越来越频繁地记载下目击大脚兽的事件。

1840 年，一位华盛顿州的传教士沃克尔在向斯博凯恩印第安人传道时，听说了一种住在山中的巨人种族，他在信中对此进行了描绘：

“他们到了晚上才进行活动，比如，寻觅食物。夜幕降临后，他们倾巢而出，从人们的渔网里偷走大马哈鱼，就那么生着吃了。其实人们对他们的活动，都清清楚楚，巨人一走近， 他们就醒过来了，因为那些巨人身上，散发着一股令人无法忍受的强烈恶臭。”

1884 年，在不列颠哥伦比亚省一个叫耶鲁的小镇附近，人们捕获到一头奇怪的生物。有人说它是年幼的大脚兽。捕获者给它起了个名字叫杰克。

据目击者描述，它有点像大猩猩，站立起来身高大约有 1.45 米，体重则达一百多斤。

令人不可思议的是，杰克居然从运输它的火车上消失了！从此踪迹全无。

神秘的大脚兽，以其独特的魅力，甚至迷住了一位美国总统。西奥多·罗斯福总统是一位狩猎爱好者，他热衷于捕猎大野兽。在他的著作《莽林狩猎者》中，他提到一种非常奇异的动物。

他这样描绘这头野兽——“双脚行走”“叫声刺耳、凶恶”。

这位总统至死仍对这种神秘的生物的存在深信不疑。

大脚兽真正引起全世界的广泛关注，是在 1958 年。

那年夏天，加利福尼亚西北部的一群修路工人，多次发现巨大的、类似人类的脚印。据报告，脚印的主人把二百七八十斤重的燃料桶四处乱扔。工人们把它称为“大脚夜行者”。

有人说它是年幼的大脚兽，捕获者给它起了个名字叫杰克

工头杰瑞·图尔浇制了一个脚印的模型。《亨伯特时代报》和美联社广播电台都相继报道了这则消息。大脚兽从此在世界上家喻户晓。

1967 年，在加利福尼亚州北部，罗杰·帕特森对大脚兽进行了观察追踪，随后他出版了《大脚兽》一书，其中确凿的证据，使全世界都为之震撼。

这年秋天，还是在加利福尼亚州北部，还是在类似的森林开阔地上，罗杰·帕特森又一次目击了大脚兽。该次目击及因之产生的文献资料，引起人们极大的争议。

那是在 10 月 20 日，罗杰·帕特森和罗伯特·吉姆莱特在那片地区搜寻大脚兽的证据。他们俩携带着一架小型电影摄影机。当他们正骑马穿过峡谷，突然发现小溪旁有一个庞然大物。惊愕之际，他们猛然意识到： 这就是大脚兽！

帕特森用 16 毫米摄影机，拍摄了一些摇摇晃晃、令人惊异万分的镜头。这部共有 952 个画面的彩色影片，是最能说明“沙斯夸之”确实存在的有力证据。

摄影机清晰的记录显示，那是一个巨大的人形动物，像人一样直立行走。

罗杰·帕特森和罗伯特·吉姆莱特回忆说：“当我们遭遇到这个动物时，它正站立在小溪旁，一动不动。它一发现我们，转身就跑。造假是绝对不可能的。另外，在录像带中，你能看到它毛发下肌肉的运动，所以它根本不可能是由人伪装的。”

2. 寻根究底，研究人员在行动

如果帕特森拍摄下来的动物，确实居住在北美密林中，那么，它究竟是什么东西呢？是精心策划的恶作剧，是类人猿和人类之间的过渡动物，还是需要人类去进一步探索发现的新的动物种群？科学家已掌握了大量的证据，足以说明那里有一头巨大的两足动物。我们无法确定的只是：它到底是什么？

格罗福·克兰茨是华盛顿州立大学的人类学教授，他致力于大脚兽研究已有二十多年时间，同时他又是潜动物学——研究隐秘动物的学说的世界级权威人，在大脚兽研究方面，他是绝对意义上的权威。

格罗福·克兰茨教授说：“假如这个东西真的存在，它与我所研究领域的关系实在是太密切了。如果我漠视这件事，这态度本身就不太科学。要是仅仅因为这头动物的身高不足 1.8 米到 2.5 米，我们就只能用其他的办法来解释这些证据，那研究工作就会变得毫无可信性。”

克兰茨认为，“沙斯夸之”是早已灭绝了的东南亚巨猿“匹的克斯”的一支后裔。它们是通过白令海峡到达北美洲，而后成为北美人眼里的“沙斯夸之”的。至于大脚兽到底是什么样子，克兰茨根据数百次目击事例，做出大胆推断巨猿“匹的克斯”的样子，比大猩猩要大得多；这种神秘的生物，像智人一样，能够直立行走，但是它们的行动，比人要稍微迟缓一点，它们行走时也像人一样，前后挥动双臂。

不过，帕特森影片里那头生物的动作，最能证实克兰茨的理论——这个动物转头的时候很有趣，它的头部和胸部同时转动，非常像猿。如果我们人类把身体挺直的话，读者可以注意一下，我们的嘴部高过臂部，下巴也高过臂部。当我们转头的时候，下巴不会撞到肩上去。猿却不是这样的，猿的下巴往后缩回很多，当它转动的时候，它的下巴就会撞到肩膀上，如果猿要往远处看，又不想撞到肩膀的话，它就得往后仰头，再望出去。读者们可以在动物园进行观察。猿们观望时，会同时转动头部和肩部。而这也正是帕特森拍摄的动物所做的动作。

西奥多·罗斯福对这种神秘的生物深信不疑

对大脚兽在宏观上的总体描绘，使克兰茨的理论具有相当高的可信性。

大量的目击报告显示：大脚兽一般身高二米三四左右，体重可达360千克以上，因此，它们比人、熊和猿都要大得多。它的面部混合着人与猿二者的形态特征，脸像猿，但是又不像猿那样嘴部突出。如果大脚兽确实是巨猿“匹的克斯”的一支后代，那么，它极有可能和另一种在亚洲风传的神秘动物——雪人，有着某些亲缘关系。

亚洲的土著人把雪人叫作耶提。数百年来，在亚洲一直有关于野人和雪人活动的报道。

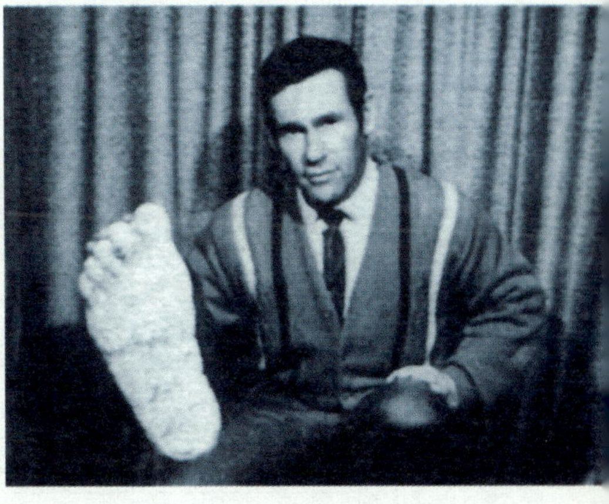

罗杰·帕特森带回的证据震撼了全世界

关于大脚兽，最有说服力的证据，是数千个浇制而成的大脚印模型，其中最惹人注目的脚印，是由一名美国国家森林区的巡林员发现的。他看见一头身高二米四五左右的“沙斯夸之”从伐木作业道上跳跃而过。

从巡林员浇制的脚印模型上，专家们得到了令人瞠目的发现——大脚印上有极其精细的、和手指纹一样的脚趾纹——这是很难伪造的。因此专家认定，这个脚印模型是真实的，不可能是人工假造的。

现在，这些脚印以及帕特森的影片，已经成为专家们所掌握的最有力的证据。

人们在搜寻大脚兽时，有时还能发现另一种证据，那就是不寻常的毛发。在一次对“沙斯夸之”的追踪中，人们曾成功地得到了几缕毛发。加州大学伯克利分校的生物学家伯纳尔博士，在检验分析以后认为，那几缕毛发是未知动物的毛发。他在结论中写道：“显然，这种毛发与人、黑猩猩、大猿的毛发有某些相似之处，但又和他们各有差异。”

读者可能还会关心另一个问题：大脚兽的叫声是什么样子的?

曾经，华盛顿州一些野营者录下来的动物叫声，经加州南部国际长臂猿研究中心的检测，被专家认定，极有可能就是大脚兽的声音。它被认为是迄今为止这种动物留下的最高质量的录音。

长臂猿常发出一种特殊的叫声，通知邻近的其他同伴：这块地方可以找到食物，或者，那块地方是可以居住的场所。

在华盛顿州被录下来的动物声音，更像是人形动物的叫唤，它们有可能是人类发出的声音，或者是人形动物，也就是人类祖先所发出的声音。从这个角度分析，这些叫声很有可能是真实的。

照片是证实大脚兽存在的另一种有力记录。下面的一组照片，是由几位业余摄影师拍摄的，他们都声称见到过大脚兽，并拍下了其照片。

日　期	地　点	分析结果
1972年	瀑布津（华盛顿州）	恶作剧
1976年	印迪克斯（华盛顿州）	恶作剧
1978年	大脚河（华盛顿州）	树桩
1991年	里奥尼亚（华盛顿州）	无法确定
1992年	北喀斯喀特（华盛顿州）	熊
1993年	不详	恶作剧

目前，大脚兽研究总部已经正式设立。该研究项目是在新罕布什尔州康科德应用科学院赞助下进行的，当前的项目，是对北美洲的大脚兽活动情况进行为期5年的研究。其主要任务是：对大脚兽的情况进行观察、联系和交流。

罗伯特·吉姆莱特搜寻的证据

现在，该中心正在收集从1700年以来的所有的历史文献，以及最新的目击事例和脚印。

令人欣喜的是，目前，科学家们在寻找神秘动物时，已经用上了先进的电脑和高质量的探测设备。这一研究项目可以被称之为“友好项目”，它类似于对鲸、海豚之类动物的研究。

3. 保护大脚兽：善意的呼吁

彼得·伯恩是大脚兽的研究者，他对大脚兽的情况非常熟悉。他过去曾热衷于捕猎大型野兽，近三十年来，他一直在试图证实“沙斯夸之”的存在。曾经有一次，他在冰封雪飘的喜马拉雅山脉追踪耶提，历时达10年之久。彼得·伯恩呼吁：

“我们坚决反对枪杀这种动物！为了证明它的存在而去杀害它，这是犯罪，更是破坏！我们所面对的，是一个能直立行走、能用两条腿走路的动物，除了我们人类以外，所有的猿都是四足动物，这种未知的动物是一个神奇的例外。那些看见过这种动物的人是用望远镜瞄准具，或用双筒望远镜看到的。他们都说，那是一张人脸，一张奇特的人脸！就在这个月的10号，一对年轻的夫妇也看见了。他们两人都说，看到的是很怪异的人脸，不是猿的脸，也不是大猩猩的脸。很可能，我们是在跟具有人的雏形的动物打交道，枪杀这样的生物，或试图枪

无意间拍摄到的一个走起路来像人一样的类人生物

杀它们，我认为是非常错误的！”

彼得·伯恩集中全部力量，试图寻找大脚兽的分布区域。几年间，他共收集了400多例目击资料。他用这些资料，把近一百年来，人类与大脚兽遭遇的数字，在图表上一一标出。他说：“我们正在收集所有可能的证据，并且把它们输入电脑。我们寻找的是富有规律性的模式。有那么一天，也许半年以后，也可能一年以后，当我们掌握了这些模式，就可以用已有的技术，进行更深入的探索研究了。”

彼得希望，在检验了所有的资料以后能发现某种模式。比如，有人认为这种动物会迁徙，但这有待印证。

“他们说，这种动物来自加利福尼亚州，后来到了加拿大，成为一种迁徙动物。它们四处游走，所以人们可以在不同的地方看见它们，发现它们。这一切我都是听父亲说的。”

研究者们听说过迁徙的可能性，而且，他们认同这种可能性。但是目前，专家们认为：那可能是类似于游牧式的迁徙，他们还不知道其中的原因，也没搞清楚迁徙和季节以及食物来源之间都有什么关系。这一切，人们寄希望于通过电脑能得出正确的答案。

迁徙的时候，“沙斯夸之”可以依靠太平洋北部地区所提供的丰富食物为生。很多研究大脚兽的人们认为，野浆果是它们的主食。大马哈鱼产卵季节，大小河流里成群结队的大马哈鱼也是大脚兽的美味佳肴。一张照片里的东西，被有些科学家认为是大脚兽在迁徙路上用的渔网。这种生物三五成群地活动，因此被认为是一种群居动物。

4. 大脚兽的社会关系

研究者们目前拥有大量关于“沙斯夸之”社会关系的信息。

现在最主要的观点是：它们组成小群体单独活动，也就是说，一个雄性带领三四个、有时候甚至是五个雌性“沙斯夸之”，组成一个群体。这也是它们的繁殖群体。

当年幼的后代长大以后，年轻的雌性“沙斯夸之”，将取代年老死亡的老年雌性个体；而年轻的雄性，则被驱逐到群体之外，因为成年雄性“沙斯夸之”不能容忍他们来竞争。年轻的雄性，研究者们称它为“离群雄性”，将会在合适的生存环境中流浪。当它们成长到足够强壮以后，会去寻找另一个社会群体，和领头的雄性“沙斯夸之”较量。幸运的话，它们将取而代之。

至于“沙斯夸之”的总数，专家们测算了相当长一段时间，也只能做出一个大概的猜测。据估计，“沙斯夸之”主要活动地域在太平洋西北的美国及毗邻的加拿大地区，大约总共有 2000 个左右。

与此同时，抱怀疑态度的大有人在。他们提出一连串的疑问：你们怎么会知道这种生物有社会群体？又是如何了解到它们的智力是高于丛林狼，高于灰熊，或者高于其他什么别的熊呢？虽然彼得·伯恩和其他很多人认为有足够充分的证据，足以说明大脚兽的存在。

混合着人与猿形态特点的面部

大脚兽可能与雪人有着某些亲缘关系

专家们令人瞠目的发现，大脚印上有极其精细的和手指纹一样的脚趾纹，这是很难伪造的

大脚兽的社会群体

1961 年，伯恩闻听有人在伯拉夫小溪路上看到大脚兽后，立刻赶赴现场，拍下了一张大脚印的照片。6 年以后，就在同一个地方，帕特森拍摄了一部有关大脚兽的轰动一时的影片。

这是伯恩于 1960 年在伯拉夫小溪拍摄的大脚印照片。大脚印长 38 厘米。伯恩认为，这张照片与考古学家格罗福·克兰茨博士书里的一些大脚印照片特别相似。他把照片寄给了博士，并询问二者是否相同。博士书上的脚印是根据影片中“沙斯夸之”所留下的脚印模型翻拍的。博士后来给伯恩打来了电话，说他百分之九十九肯定，这两个脚印完全一样——属于一个“沙斯夸之”。有趣的是，伯恩拍摄的照片，早于影片达七年之久！伯恩认为这件事很有意义。

伯恩在伯拉夫小溪拍摄到的大脚印照片

非常巧的是，一天，正当彼得·伯恩及他的工作人员在接受

记者采访时，他接到一个目击者的电话。伯恩和助手马上出发了。他事后回忆这次考察取证：

“我在事发现场仔细查看后确定，那里确实有动物待过。不是熊，它大得足以举起 90 到 136 千克重的圆木头，而且挪动圆木的时候，没有留下任何爪子印。我们认为，这只是个推测，它们是故意不留下任何行踪，因为在一定的活动范围内，应该有相当数量的大脚兽，而我们发现的脚印很少，实在是太少了！所以我们想，什么都是可能的吧！他们可能懂得，只要留下一点记号，就会吸引带枪支的人去跟踪他们，所以就小心翼翼不留下任何脚印。我们在山里发现的东西——这些印痕，不是清晰的脚印，不过看得出来，一个又大又重的东西，在使劲攀登上山。这个东西非常重，我们在那里树丛中发现一个印痕，然后又发现几个印痕……”

几十年来，彼得·伯恩访问了数百名大脚兽目击者，虽然其中不少令人失望，但伯恩把具有典型意义的信息都进行了详细的记录备案。下面是布莱德·耶茨根据伯恩收集的各种资料汇总而描绘出的大脚兽：

“他看上去像个巨大的人形动物，走起路来就像人一样。他的眼睛很小，又黑又圆。这个高大黝黑的动物越走越远，走进了树林。它的毛发，甚至脖子上的毛发，都只有二三厘米长。我敢说它至少有 1.8 米高，很可能有二三百千克重。”

5. 七嘴八舌大脚兽

一年秋天，两位大脚兽追踪者，达立·欧文和斯各特·哈里特，闯入加州北部森林，随身只携带了摄像机。他们想去拍摄大脚兽的镜头。以下是两人的回忆：

“那时我正在对焦距。因为树叶太浓密，所以我关掉了自动对焦。我透过灌木丛望过去，一眼就看见了那个动物，但只看到了上半身，包括它的头部、肩膀……”

“我们遭遇到一种动物。它离我们七八米到十一二米远。它的两只眼睛正向树丛下张望。我还以为是什么别的东西的反光呢，可是，过了半分钟，它的脑袋开始前后摇晃起来了。我看到的，可能是个浅棕色的大猩猩样子的人，大约两米或两米四五高。我们看到了它眼睛中闪烁的红光。”

拍摄录像之后，欧文请人进行了专业的增强处理，而后复制成一些激光光盘。在片子上，它的膝盖骨、腿、脚趾头及眼睛都清晰可辨。

即使有了这些全新的证据，一些科学家对大脚兽的存在，还是抱怀疑态度。以下是专家们的观点：

“它们确实存在的这种想法，就如同不明行走物、不明游泳物或者不明飞行物一样，还经不起科学的推敲。我不知道它们是什么。人类有时会看到其实并不存在的东西。我本人就有过这种经历。我在山里当过多年伐木工，在非常原始的森林里，我看过一些令人毛骨悚然的东西，把我吓得够呛，但我不知道它们究竟是什么。”

“人们有时太性急了，对看到的东西过于渲染。他们心里想着‘沙斯夸之’的时候，就会说看到的是‘沙斯夸之’。人们总是希望看到他们想看到的东西。”

为了弄清楚欧文和哈里特看到的究竟是什么动物，一个名为“远古之谜”的摄制组，把录像带送到一处电影后期制作中心，那里的电影剪辑人员，用精密的摄影设备，对图像进行处理放大。经过好几小时乏味的技术处理，剪辑人员终于取得了惊人的结论：哈里特和欧文确确实实在加利福尼亚州北部森林里拍摄到某个生物，但是，他们无法确定这是不是大脚兽——树叶和影子将这个动物遮掩得模糊不清，似乎在跟人们的想象力开玩笑。

近年来，目击事例频频发生，信息资料不断集中，目击者们对大脚兽确信不疑，因为他们闻到了它的气味，看到了它的形象。虽然他们都被吓得要命，但他们都确信大脚兽确实存在。据此，专家们认为，人们迟早会捕获到一头大脚兽的。

是不是能够捕获到大脚兽，那只有未来才能知道。不过，今天已知的很多

杰森和杰夫奥姆在泥地上发现令人震惊的18英寸长的脚印

大脚兽出现在电视连续剧《六百万美元的人》当中

1972年华盛顿州的一张照片，后被证实是恶作剧

1991年华盛顿州一张照片，经分析还是无法确定它的真伪

这种鱼应该生活在泥盆纪时期，人们原以为它在六亿年前就已经灭绝

种动物，在过去也曾被认为是荒谬的谣传。高山大猿就是一个例子。这种像人的动物生存在于卢旺达，它们身躯高大，叫声恐怖，全身长满黑毛，移动时吊在树端间悠荡，就像荡秋千似的。其他类似动物还有卑格米河马、雪豹和大熊猫。这些动物在未被科学认定之前，不也是被当作传闻吗？

最最激动人心的发现是在1938年，一个南非渔民在深海捕获到一条他从未见过的怪鱼。经科学家验定，这是一条生存在泥盆纪时期的鱼类，人们原以为它早在6亿年前就已经灭绝了。

科学家后来知道，渔民偶尔也捕食这种鱼，对他们来说，这不是什么了不起的事，根本没想到它会引起科学界的震惊。科学家们所熟知的化石，竟然在1938年活生生地出现在人们眼前！这条鱼可以说揭示了古生物学的一大秘密。

还是让我们回到大脚兽这个话题上来吧。究竟这种生物是否真的存在？假如存在的话，为什么迄今为止一头也捕获不到呢？

首要的原因可能在于：它们所在的地区，地形复杂，辽阔无际。

在北美洲西北部地区，很多地方丛林密布，人迹罕至，很难涉足，更别提搜索了。

举个例子：二次大战以来，从加利福尼亚州北部飞往阿拉斯加的飞机，有73架之多都在这个地区无影无踪地消失了！这绝非小报上的花边新闻或传说，而是美国联邦航空管理局发表的官方数字。

彼得·伯恩和其他大脚兽专家则认为，这种生物习惯于夜间活动，它们警戒性极强，善于躲避人的追踪。他们甚至猜测这种动物具有一定的智力，它们有很强的生存意识，它们懂得唯一的危险来自人类，所以，它们总是在小心翼翼地隐藏自己。

不过，不管怎么说，只有标本，活的或者死的标本，才能证实“沙斯夸之”确实存在，也才能说服抱怀疑态度的人们。

当然，要想找到死的标本几乎是不可能的，因为濒死的动物，一般总躲到人们找不到的偏僻的地方，静悄悄地独自死去。

这同样可以用来回答人们最常提的一个问题：如果“沙斯夸之”是真实的，为什么我们找不到它们的骨骸呢？

其实原因非常简单。熊是真实的吧，为什么我们同样也找不到它们的残骸呢？一位专家曾和很多猎人、大野兽猎者及森林野生态学的学生等一类人谈起过这个问题，他询问他们，是否见到过自然死亡后的死熊残骸？他问了 20 年，回答结果总是一模一样，一个也没看到过！

据专家估计，在森林里看到熊和大脚兽的概率比例应该是 100 ∶ 1，可是，至今为止，人们还没见到一头死熊的残骸。以此推测，能够找到一头自然死亡的“沙斯夸之”骸骨的机会就更加渺茫了。

其他动物也是如此。一些在森林里居住时间长达 50 年的人，甚至也从来没有见过死美洲豹或者死熊的遗体。

动物死后，它们的尸体就会被其他动物吞食掉，比如被丛林中的熊、狼、乌鸦等食肉动物吞食，而尸体的角、牙齿和脚指甲之类的东西，则会葬入箭猪的肚腹。大自然存在着一个完善的废物处理系统，只要有动物死去，马上就会被别的动物吞食。还有一种可能性，动物们可能把死尸隐葬在自己的秘密墓地里。

6. 通向大脚兽神秘王国的大门

位于加州柳树溪的一个小镇，被称为通向大脚兽王国的大门。这里是世界上大脚兽目击事例最多的地方。

爱尔·霍特森是当地五金店老板，他研究大脚兽已经有三十多年的历史了。爱尔清楚地记得他第一次发现大脚兽脚印时的情景：

1978年华盛顿州的一张照片，后被认定为一个树桩

“我是在小溪的深处发现脚印的。当时，我要穿过树丛，看到了小溪拐弯的地方，这儿是水，那儿也是水，它就踩在一处像小半岛的地方，上面是沙子，一个脚印就印在那里了，旁边还有枯松树针叶什么的，不过非常清晰，那是个大脚兽的脚印。我确信肯定是有什么东西从这儿走过去了。”

1976 年，就在柳树溪外面的公共汽车站旁，两个男孩杰森和杰夫奥姆，在泥地上发现了一个令人震惊的长达 45 厘米的大脚印。这两个孩子的姨妈德巴拉·琼斯，把脚印浇注成了模型。

根据脚印的位置推断，一个庞然大物走过这片完好无损的泥潭，然后上了人行道。泥潭半干半湿，正好可以印上大约七八厘米厚 45 厘米长的脚印。有人怀疑这一切是孩子们伪造的，但似乎不大可能，因为脚印陷入泥潭大约七八厘米深，那样的脚印根本不可能是由孩子们印上去的。

柳树溪的大脚兽出了名。高尔夫球场，汽车旅馆，木材厂，都借用这个形象。当地居民就更加兴师动众，每年劳动节那个周末，他们都要举行游行活动，他们把这一天命名为“大脚兽日”。

当然，柳树溪居民对大脚兽是否存在都有他们自己的看法。

“我从来没有看见过大脚兽，我也并不希望看见它。我还不能说我相不相信它的存在。我总得先看见它再说。”

“我们当然相信有大脚兽啦，不过他只是全身穿着毛皮衣服的艾尔维斯而已。”

……

大脚兽还不仅仅限于柳树溪。多年来，这个神秘的动物，成了好几种小报的大明星。电视连续剧《六百万美元的人》当中，出现了“沙斯夸之”。在一部关于大脚兽的影片里，大脚兽理所当然是主角。大脚兽甚至还出现在给比萨饼做广告的商业片中……

1969 年，在目击和发现脚印事例大量出现以后，斯凯美尼亚县地方司法委员会，通过了世界上第一条保护“沙斯夸之”的法令。法令规定，在斯凯美尼亚县杀害一头大脚兽，将被罚款一万美元并判处五年徒刑。

克雷格·卡品特是一位印第安人，他则认为：人类想要伤害或杀害大脚兽，也并不是一件非常容易的事情。

在另外一些人眼中，“沙斯夸之”是具有超级魔力的鬼魂，它能随心所欲地显出原形或者隐身。很多人都能证实这一点。据一些可靠的目击报告称，它们被人射中以后，会尖声喊叫，然后摔倒在地。当人们循着它的血迹追踪一段后，血迹往往突然消失，“沙斯夸之”也随即不见了。有时是在冬天的雪地上，它的脚印在雪地中间，突然便消失得无影无踪。

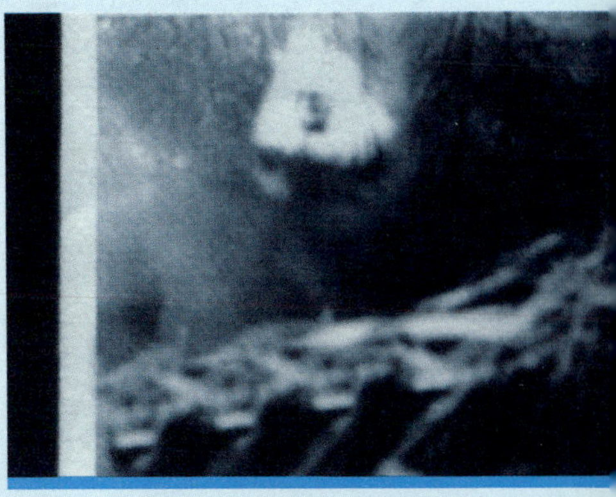

1976年华盛顿州印迪克斯的照片，是恶作剧者的把戏

大量的证据摆在研究者们面前，使人们不得不相信，在北美的森林里，确实有一些不同寻常的东西。数千个目击报告，无数的毛发标本、脚印、成段的摄影胶卷或录像带，这一切都是不容漠视或否定的。

那么，大脚兽究竟是什么呢？是一个精心策划的恶作剧？是超级想象的产物？还是一种有待现代科学探索发现的未知灵长动物？

假如我们能捕获到一头大脚兽，那将使人类学或动物学研究发生翻天覆地的变化。

1992年华盛顿州的北喀斯喀特的照片，照片里面是一头熊

美国一个大脚兽野外研究组织曾筹措资金，计划在大脚兽经常出没的美国丛林中架设动作触发式数码摄像机，将森林中的景象搬上因特网，让网络浏览者一起共同来监视大脚兽的行踪。

1993年这张照片所拍摄的地址不详，但专家认为这仍旧是一个恶作剧

大脚兽野外研究组织的领导人索姆·鲍威尔介绍说，现在他们寻觅赞助商，为架设摄像机提供资助。鲍威尔说他并不想强迫人们相信这种动物的存在："我们只是帮助人们寻找关于大脚兽的更多线索。"摄像机拍下的图像会具有更高的可信度。

无数人希望大脚兽确实存在。如果它们真的存在，人类最好不要过分打扰它们，最好是利用它们的残骸进行研究，并把它们放到博物馆里，让更多的人有机会观看它们。它们不仅现在与人类同时存在着，在遥远的过去，它们的历史可能与我们同样悠久，而且，在不可知的未来，它们也许会比我们存在的时间还要长久得多。对那些不相信有大脚兽的人来说，假如有那么一天，忽然看见了一个大脚兽，可别惊惶失措呀！大脚兽，有人说你只是全身裹着毛皮的人，有人说你是妄想症的产物，但更多的人认为，你就是一种未知的灵长类动物。什么时候，人类才能一睹你的庐山真面目呢？

（杨威）

寻找雪人

雪人是一种怪物，在雪人故事流传得比较多的地区，都可以发现它的脚印、声音和毛发，但到现在还没有任何证据能证明它的存在。人们给这种神秘动物起过很多名字，最为人知的就是雪人。

多年以来，有关雪人的故事一直在流传着。尽管有照片，有目击者记录，甚至还有所谓的用防腐法保存下来的雪人肢体，但雪人是否存在仍属未解之谜。

在西方，雪人甚至成了流行文化的标志之一。

人们不禁要问： 雪人、大脚野人以及流传于世界各地的其他多毛类人动物之间有着怎样的联系呢?

在最新公布的有关雪人的材料中，又有什么样的新线索呢?

雪人仅仅存在于传说中吗?

这样的动物真的存在吗?

一种至今尚未被证实的哺乳动物，一种半人半猿的生物，是否真的生活在世界屋脊的崇山峻岭之间呢?

假如雪人仅仅是一个传说，为什么历史上一直有关于目击雪人的记载呢?

历史的证据、科学的猜想以及有关雪人的科幻影片使得神秘的雪人，再次成为人们关注的焦点。

1. 雪人生活在人们的传说中

据说，雪人有 2.4 米高，全身长满了毛，他的模样跟人差不多。

这就是人们勾勒出来的雪人形象，这一形象显然要比人高大得多。有关雪人的传说，各地都有自己的版本。

和雪人类似的动物，在世界各地都有记载，其中最著名的也许要数北美的大脚野人了。

有关野人的故事一直在流传

在亚马孙河流域，有一种巨型的类猿动物，据说它经常在热带雨林深处出没。

野人的故事贯穿着历史，或许就和人类本身一样久远。就连《圣经》的《创世记》篇章中，也有关于多毛巨人的描述。

在《创世纪》第六章第二节有段关于“多毛巨人”的记载：地球上曾经生活着一种巨人，那个时候，上帝的儿子和凡人的女儿结合，繁衍后代。

在《创世纪》第二十五章第二十四节还描述了另一位浑身长毛的巨人以扫，他是以撒的长子。

据介绍，利百加怀了一对双胞胎，第一个出生的孩子全身发红，浑身是毛，他们给他起名为以扫。随后出世的是以扫的弟弟，他们给他起名为雅各。两个孩子渐渐长大，以扫善于打猎，常在野外逐虎搏兔，而雅各十分安静，常待在帐篷里。

传说雅各取代了以扫的长子之位，多毛的长兄被剥夺了继承权。

有关雪人的故事一直在流传

在巴比伦人的《吉尔伽美什史诗》中也有一个类似的故事：半神半人的吉尔伽美什，迎来了野人恩奇杜的挑战，恩奇杜身体粗壮，全身长满杂毛，他对人类文明一无所知，恩奇杜和小羚羊一起在山上吃草，和野兽一起潜伏在水坑中。

关于野人的故事，后来还出现在欧洲的传说中。古英语史诗《贝奥武甫》中的妖怪格伦德尔，便是一个浑身长毛的野人。

在木版画和石刻中，森林野人形象一直是中世纪艺术家们的创作素材。这些传说是否能证明野人的存在呢？

对于野人，或许能有更合理的解释。一些学者认为，传说可能是某种真实经历的积累，并以民间故事的形式流传了上千年。

在人类演化的过程中到底发生过什么呢？雪人的故事是远古时代的真实历史。

半神半人的吉尔伽美什

在80万年前，直立人走出了非洲，经过漫长的旅行后，他们来到了东南亚，这里气候宜人，物产丰富，是直立人生存的理想之地。但这里并非是一片自由王国，有一种大型的叫作巨猿的猿类动物居住在这里。这一类动物的确在这里生存过，这已从出土的化石得到了证明。

从出土的化石看，这种巨大的古猿站立时

中世纪的艺术家们描绘的森林野人形象

高达 3 米。直立人虽然进化得比他们高级许多，但体形却比他们矮多了。

为了争夺生存之地，直立人与巨猿展开了厮杀，其结果可想而知。因此，人们不仅要问：这种巨大而怪异的灵长类动物，是不是人类进化征途上的牺牲品呢？

巨猿在距今 30 万年的时候灭绝。有些学者认为，巨猿的灭绝可能是源于直立人对他们的戮杀。这样就有了一种有趣的可能性，如果关于雪人恩奇杜以及格伦德尔的传说有事实依据，那么这种半人半猿的生物，是否仍有可能生存在世界上那些最偏僻的地方呢？

2. 喜马拉雅山的雪人

在 20 世纪以前，喜马拉雅山雪人并没有引起西方世界的关注。但在亚洲，很早就有了关于雪人的传说。

11 世纪时的印度诗人就描写过有关雪人的故事。13 世纪时，一位来自巴伐利亚的大使和成吉思汗一起出行，传说他们在喜马拉雅山麓遇到了像人一样的怪物。

根据一本 18 世纪后期的藏族医书《病理解剖学辞典》记载，“野人”的肉有治疗疾病的作用。据该书介绍，野人生活在山间，他们的祖先接近于熊，身体结构接近于人，而且力大无穷；吃了它们的肉，可以治疗精神类疾病，它们的胆囊还可以治疗黄疸病。

在这本书中，有一张图片很可能是现存的最古老的关于喜马拉雅山雪人的图片资料。

在一些地方，人们把有关雪人的传说作为一种民间信仰流传下来。

位于尼泊尔的一座寺院，便是雪人传说的发源地之一。在这座寺院里保存着由雪人的毛皮做成的帽子和水囊。寺院的住持讲述了有关雪人的故事。

据他介绍说，这里有许多关于雪人的传说，在他很小的时候，他就听说过一个雪人来到寺里，并且爬上了一个名叫赞布的僧人的屋顶。赞布看见那庞然大物，一时间吓呆了，不知如何是好，躲在屋子的墙角里，好不容易才捱到天亮。第二天早上，人们在雪地上看到有一行雪人留下的很深的脚印。

像这样的故事在喜马拉雅山区常有所闻，经常有牧民讲述有关雪人现身的故事。

住持还向人们讲述了他与雪人的一次遭遇。

在他 12 岁的时候，有一天，他和父亲正在砍柴，他突然听到一阵响动，他让父亲停下手来，他们静静地等待着，好像有什么东西从他们的下面经过，他没有看清那个动物的全貌，但是他看到了那个动物的头，头是圆锥形的。他意识到这就是传说中的雪人，他被吓得一动也不敢动。

然而，学者们却不得不以怀疑的眼光，来审视这些目击证词。对牧民们来说是千真万确的事，对学者们而言就不一定了。

对于当地居民而言，超自然和现实之间并没有一条明确的分界线，科学工作者能把这两者分得很清楚，但当地人却不能。所以当他们谈论雪人的时候，他们可能是在谈论一种生物学意义上的动物，并用他们的方式加以解释，也可能是在谈论他们的部分民间传说，而且他们不能加以区别。

牧民们自己也很快承认，他们对现实的理解和西方人是不同的。

曾经在尼泊尔，有一个女人正在山上放牧，她遭遇了一个巨大而危险的类人生物。根据她的回忆，当时，站在山坡上的她，听到一阵啸声由远而近，起初她以为是她的哥哥发出来的，并没有在意。然而她很快感觉到脚下的地在微微震动，猛然间，一个阴影出现在她身后，它从后面抓住她的头发和衣服，把她扔进了河里。在它杀死了三头牛之后，它以一种奇怪的姿势蹚过河走远了，消失在山脊的背后。

身上的伤疤历历在目，她坚持说是遭到雪人袭击时留下的。

那个动物给她留下了难以磨灭的印象，她确信那不是熊，不是雪豹，也不是其他什么猛兽，是一个她从来没有见过的动物。

如果她的话属实，那么这块伤疤，将成为那种未知的哺乳动物确实存在的有力证据。

但是在牧民们看来，所谓的科学证据并不是必需的。牧民们的传说，对普通人来说可以作为茶余饭后的谈资，而对一名科学家来说，就必须持科学的态度，必须以科学的眼光来看待这一切，必须得到证明雪人存在的确凿证据。

作为一名科学家，虽然还不能确定雪人的存在，但作为一名牧民，当他独自一人，或者和不多的几个人在喜马拉雅山上行走时，在一种真正的原始状况下，仍然会害怕雪人会从某个角落突然跳出来向他们发动袭击。

3. 西方人开始关注雪人

到了20世纪，欧洲人和美国人开始深入荒无人烟的喜马拉雅山区进行探险，他们这才开始对雪人产生兴趣。

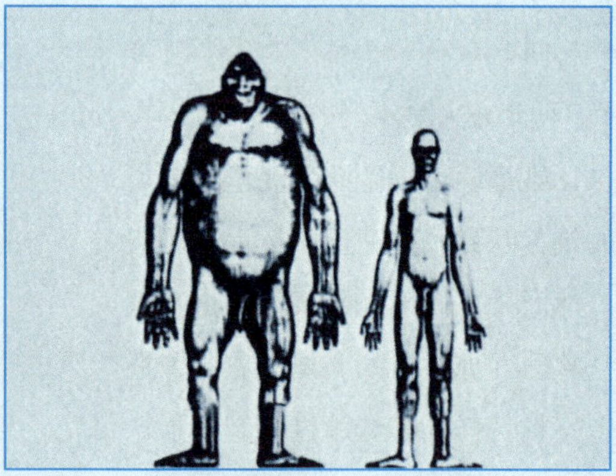

这种巨大的古猿站立时高达3米

巨人在距今30万年的时候灭绝

英国探险家霍华德·伯里在率队攀登珠穆朗玛峰失败之后，却在 6 300 米高的地方发现了一些脚印，这些脚印很像人留下来的。

这个意外的、奇怪的发现激起了他的兴趣，他通过电报，把自己的发现告诉了印度的一家报纸。这个故事很快引起了英国报界的关注，他们给这个生物起名为“雪人”。

在接下来的数十年间，通俗文化对雪人表现出了极高的热情。人们根据自己的想象，通过小说、电影、连环漫画册，塑造了许多神出鬼没的雪人形象。

随着人们的兴趣不断上升，《每日邮报》在 1953 年组织了一支 300 人的探险队前往喜马拉雅山地区寻找雪人。几个星期后，探险队回来了，除了一些拍有脚印的照片之外，他们没有带回让人惊喜的东西。

绝大多数科学家很快就指出，那些照片里的影像，只不过是熊、狼或者巨猴的脚印。

另外一些人则坚持认为，这一切本来是一场恶作剧而已。尽管科学家们对那些照片不以为然，但还是有很多探险队前往喜马拉雅山，搜寻雪人。这些探险队都没有带回什么有力的证据，都没有引起世人震惊的发现。

直到 1957 年，一支事先不为人知的探险队，才改变了这种情形。率队的是得克萨斯的百万富翁汤姆·斯里克。汤姆·斯里克是一个百万富翁，他是得克萨斯的牛肉和石油大王，他对神秘的东西很感兴趣，他认为雪人是一种介于类人猿和人类之间的过渡动物。他认为如果能发现雪人，或许就能解开一些医学难题以及人类的起源之谜。

与以前所有的探险队不同的是，斯里克是在动物学的范畴里研究雪人，而不是把它看成是一种怪物。

斯里克的队伍由科学家和动物学家组成，他们采用的是那些经过验证的观察动物的方法。应该说，那不是一个规模很大的团体，探险队起初有 300 人。斯里克认为人太多，那样会把动物吓跑的，真要想抓到神出鬼没的雪人，他就不能带着大队人马浩浩荡荡得到那儿去。

斯里克把他的队伍分成两个小分队，一队在白雪皑皑的雪原上寻找雪人的脚印，其他人则搜寻那些在地图上还没有标明的丛林和山谷。

就是在这人迹罕至的山谷里，斯里克的探险队有了惊人的发现。

在山谷的深处，探险队发现了雪人的脚印、毛发和排泄物的样本，甚至被雪人废弃的睡觉的地方。

虽然这个看似雪人睡觉的地方算不上什么惊人的发现，但它和非洲黑猩猩的巢穴很相似。这进一步证明了雪人很可能是一种尚未被发现的高级灵长类动物。

斯里克的探险队也拜会了位于尼泊尔高山上的寺院中的住持。几个世纪以来，这座寺院是当地人敬拜雪人的中心。

这里的僧人除了保存有用雪人的毛皮做成的帽子和皮囊外，僧人们还奉若神灵般地保存着另一件宝物，那就是一只经过防腐处理的雪人的手。

探险队想把这只手带回美国，进行科学研究，但僧人们拒绝了他们的要求。于是，探险队员们只能用别的伎俩了。

关于这只手的故事非常有意思，事情是这样的：一个名叫彼得·伯恩的探险队员，知道寺里有一只雪人的手，他去了那里，想把它弄到手。但要得到它

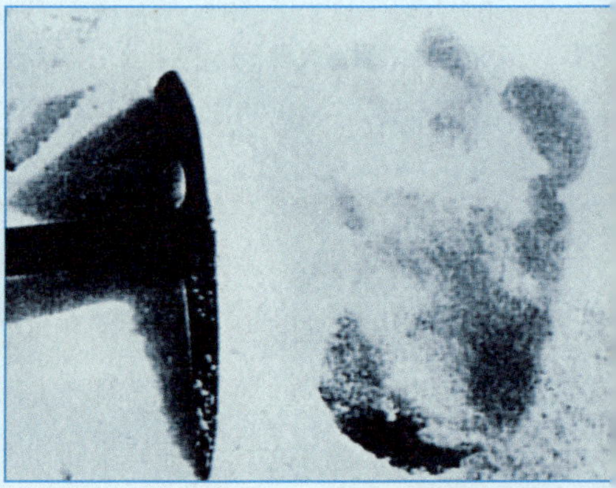

英国探险家霍华德·伯里（左图站立者左三）率领的探险队发现了一些很像是人留下的脚印

可不容易。于是他灌醉了一名看守，等他喝醉之后，伯恩偷走了那只手的部分碎片。他把它们放在背包里，步行穿越尼泊尔边境，到达印度。

为了不让偷窃行径被人发现，伯恩另外放上了两块人的骨头，伪装成它原来的样子。

事实证明，这一偷盗行为给研究雪人埋下了隐患，尽管最初的检测结果是令人鼓舞的。

伯恩把偷来的碎片给了奥斯蒙德，他是伦敦大学的一位灵长类动物学家。奥斯蒙德分析后发现，这些碎片来自一种未知的灵长类动物，这是一个非常绝妙的发现。然而具有讽刺意味的是，这件小小的赃物，同样也为批驳雪人之谜的人提供了机会。

1960 年，另一支探险队通过研究得出了相反的结论。埃德蒙·希拉里爵士曾经征服过珠穆朗玛峰，马林·帕金斯则是一名电视工作者，他们一起牵头组织的一支雪人探险队来到了喜马拉雅山。

希拉里和帕金斯在喜马拉雅山进行了广泛的调查，据说他们是带着雪人的头皮离开那里的。后来的实验分析证明，那些毛发其实是属于当地一种叫作鬣羚的野生山羊。

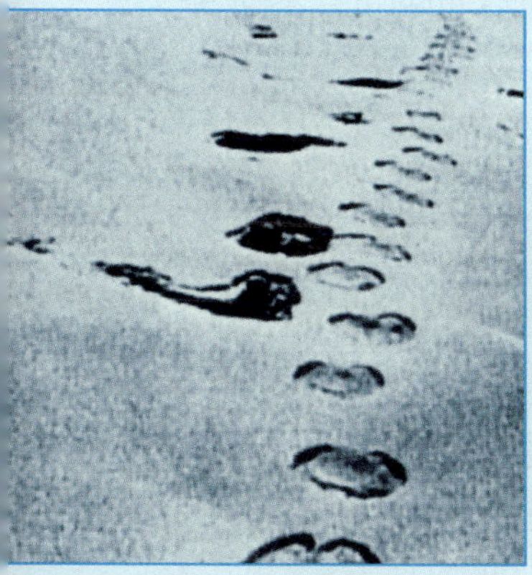
脚印

在希拉里的探险队前往喜马拉雅山寻找雪人时发生过一件有趣的事，他们此行是为了收集证据，可他们回来时却宣布“那里没有雪人”，没有有力的证据证明这种大型动物在这里存在过。

对于希拉里的探险队来说，最后一件需要反驳的证物就是那只手，那只被彼得·伯恩偷走了两根指骨的手。探险队不知道，他们是在检测伯恩后来加上去的人的骨头。一切都是一场恶作剧。

希拉里和帕金斯认为，关于雪人之谜的争论应该结束了。

比较斯里克探险队和希拉里探险队拍下的照

片，人们能够清楚地看到，那不是同一只手。但自从整只手在 1980 年被盗之后，事实的真相或许也就永远无法大白于天下了。

希拉里和帕金斯去那里是为了反驳雪人一说，因为他们都不相信真有雪人存在。他们到了那儿，找到那只手并对它进行了观察，可它那时已被人掉了包，它只是一件赝品，他们得到的雪人头皮也是假的，探险队得到的只是一块熊皮。

雪人看来好像是迷信和神秘的产物了。

此后几十年，针对雪人的严肃的科学研究一直没有进行。

斯里克也没有机会去反驳希拉里和帕金斯了，他在 1962 年一次飞机失事中丧生，他带着遗憾离开了这个世界，没能完成寻找雪人的心愿。

那些装有斯里克在探险中得到的证据的盒子，被原封不动地保存了许多年。直到洛伦·科尔曼将它们打开，情况才发生了变化。

4. 还有惊异的动物没有被发现

由斯里克率领的探险队带回来的重要证据，可以分为三类：一类是排泄物的样本，一类是各种毛发的样本，以及和毛发有关的其他物质的样本。

巴黎和美国的实验室分析了排泄物样本，发现了一种未知的灵长类动物体内的寄生虫，但当时没有公布这一结果。直到最近，这一令人感兴趣的证据才引起科学界的关注。

现代文明已经深入到地球上的每一个角落，卫星可以拍到地球上每一寸土地的照片，那么是否还存在着类似喜马拉雅山雪人这样的未解之谜呢？

自然界中的大多数大型哺乳动物已经被发现了，并且已为人类熟知了数百年甚至数千年，人类已经对大型哺乳动物进行了较为完整的分类。人们偶尔还会发现某种大型或中型的哺乳动物，但这种情况是很少见的。

在过去，人们对科学知识的信任，有时会受到严峻的挑战。在非洲，关于一种神秘而难以捕获的人形动物的传说，直到 1864 年才被科学界澄清，这就是大猩猩的发现。

在 20 世纪早期，很少有动物学家相信大熊猫的存在，到了 1915 年，这种奇异的动物才被人从竹林中带了出来。

1976 年，一个 6 米高的大家伙，被冲到热闹的夏威夷海滩，人们这才知道在海洋中还有一种新的大鲨鱼不被人们所认识。

即使在今天，一些偏远角落里仍隐藏着令人惊异的动物。

近年来，动物学界最重要的发现之一就是在 1994 年在越南发现的两种动物，其中之一是越南大麂。

越南大麂是一种麂鹿，大部分时间待在森林里，它那奇形怪状的脑袋是进化的产物，它的鼻孔长在鼻口的上方。

另一种动物是长着纺锤形角的丛林生公牛，它有别于世界上其他已知的公牛。

在越南的原始森林里，是否还存在着别的未知动物等待着科学家们去发现呢？

这种未知动物的确存在。它是一种神出鬼没的人形动物，据当地人传说，在越南丛林里，还有第三种罕见生物，和传说中的喜马拉雅山雪人非常相似。

来自越南的有关野人的报告不是很详细，但村民们说它们是大型的多毛灵长类动物，让人觉得害怕。

远隔万里的不同国家都有类似的描述，而且民间传说流传至今，这不能不让人感到迷惑。

为了搞清真相，理查德·格林韦尔展开了调查工作。

1994 年，理查德·格林韦尔率领一支中美联合考察队，搜寻被称为“野人”的类人动物。人们注意到中国有关野人的描述，基本上出自普通的农民之口，这些人无偿地向考察队提供线索，有些人甚至走了很长的路来和他们交谈有关“野人”的各种故事。然而，再可信的描述也不能算是绝对的证据，科学需要确凿的证据。

对科学家而言，必须重视目击者的描述，但缺少确凿证据的描述并不能代表什么。

格林韦尔的考察队，获得了可靠的科学证据。在传说野人出没的区域收集到的一些毛发样本，被送到了上海某高校的核物理实验室。这些科学家所要做的就是，检测这些毛发中的铁和铜的含量，每一种动物毛发中的铁和铜的含量都是固定的，而在这些毛发中，他们发现了明显的差异。物理学家们得出结论，样本中的金属含量表明，这些毛发属于一种尚未被发现的物种。

这里有专业的科学家，其中一些是中国顶尖的核物理学家。在物理分析的基础之上，他们认为已经有了确凿的证据，可以证明一种大型的未知灵长类动物的存在，这已经不再是假想或者目击者的描述，而是物理分析的结果。

对于这一研究结果，其他的科学家们尚未表示赞同。

5. 有人第一次拍摄到了雪人

为什么从古至今，世界各地一直流传着关于雪人和野人的故事呢？学者们认为，不必过分看重这些传说，它们可能是远古祖先留给我们的一种心理上的残留。

人们早就知道有关野人的传说了，这可以理解为野人代表了人类的进化过程，揭示了现代人和古人类之间的联系，或者说，它揭示了人类的起源。

一些心理学家和社会学家认为，野人之谜的反复出现，仅仅代表了人类被压抑的原始欲望，说明原始的本能隐藏在每一个人的个性之中。

但这样的解释，并不足以揭开喜马拉雅山雪人之谜，因为想象不会留下脚印，传说也不会留下毛发。

或许还有最后一个证据，可以用来解开有关雪人的谜团。

1996 年，有人在尼泊尔的山区第一次拍摄到了雪人。这段录像被称为“雪中步行者”。录像记录的是来自比利时的一对男女的徒步旅行。

在 45 分钟的画面里，基本上都是尼泊尔山区景色的空镜头，以及他们在喜马拉雅山上艰难跋涉的场面。在攀登一座山峰的时候，镜头对准了这对旅行者的脚印，突然，一个奇怪的东西出现在画面里，它的形体很像传说中的雪人。

这段录像没有说明来龙去脉，人们不知道它是谁拍的，也不知道是在什么时候和什么地方拍的，所以从根本上说，它算不上确凿的证据，除非能找到拍摄的人，并且认真地问他们几个问题。

那对旅行者拒绝公开他们的身份，录像的来源以及当事人遭遇雪人的真实地点，仍然是个谜。对于这段录像的一个简单解释就是，这两个人和他们的朋友披着大猩猩的皮，其中一个坐在那里，等着他的朋友走到半山坡，然后打开摄像机说，“行了，可以开始走了”。于是那个披着大猩猩皮的人站起身来，在雪中踉踉跄跄地往前走。

杰夫·梅尔德伦是一位动物学家，对类人猿和大猩猩的研究，使他对雪人也产生了兴趣。他在仔细看过这段录像后，认为这段录像不太可能是一个骗局。

杰夫·梅尔德伦感觉到在他看这部录像时的第一反应，很像他第一次在动物园看到大猩猩时的感觉。它的动作和姿态都显示出猿的特性，同时让他觉得好奇的是，后来它从猿的姿势变成了完全直立的姿势。

虽然很难确定这个东西的体形大小，但是

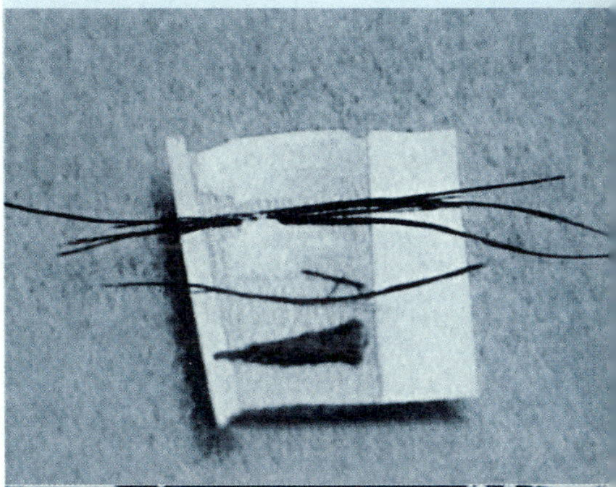

雪人的毛发、排泄物的样本及废弃的睡觉的地方

比较录像中的脚印大小，可以看出它的脚印显然要比人的脚印大得多。

杰夫·梅尔德伦说，他能根据录像中旅行者的脚印来判断体形，据他判断，目标物体的高度应该超过 2.7 米。

如果人们相信它的身高超过 2.7 米，人们不禁要问，他们哪里找得到演员去穿那样一件戏服呢？

不管这段录像能否成为证明雪人存在的有力证据，它终归是给解开雪人之谜的努力，添上了一块重重的砝码。

古老的藏族手稿，流传的民间故事，详尽的目击陈述，以及先进的科学分析，都表明雪人确实存在的证据不断涌现。

在这个星球上，是否真有一种像人一样的神秘动物？如果有的话，为什么人类得不到最终的证据呢？

很多人都有这样的疑问，有些证据是非常有力的。但是另一方面，在这样一个科技高度发达的时代，似乎不可能留有不为动物学所知的动物，于是就产生了一对相互矛盾的推断，但其中必有一个是正确的。

人们真的相信这样的谜吗？大多数科学家认为，寻找雪人并不是一个信仰问题，而是出于对知识的渴求。

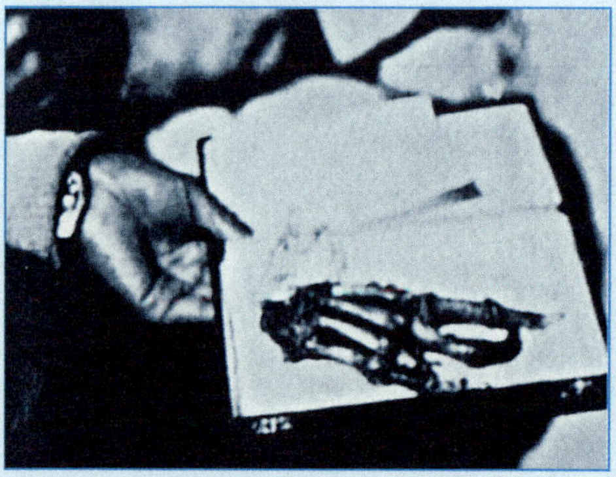

伯恩发现了雪人的手骨，但他把手骨换成了人骨，这个做法使后来的研究很困难

人们希望雪人真的存在，在某个神秘的地方，存在着一种奇怪的、尚未被认识的灵长类动物，它是人类远古时代的祖先，没有哪个科学家不为这样的想法而激动。

对大多数科学家而言，他们更愿意了解真相，而不是仅仅满足于相信它的存在。当人们面对所有这些证据的时候，就会发现它们都不足以令人信服，真是令人遗憾。

常有人向科学家询问，是否相信雪人的存在。对这个问题的回答应该是，这面对的不是一个信仰问题，而是证据，并且权衡它们的轻重，看看它们是否令人信服，是否值得去继续追踪，这才是科学家真正应该关心的。

现有的证据已足以使科学家继续努力下去，这才是可接受的科学态度。

究竟会不会发现雪人？究竟会不会出现具有决定意义的证据，证明或否定雪人的存在？或许更重要的一个问题是，人类为什么对寻找雪人这样着迷？

也许在自然界中，在不为人们所知的地方，存在一种和类人猿有密切联系的直立猿。尽管随着时间的推移，这种联系已经逐渐被人类遗忘。

如果人类邂逅了雪人，这两个远古时代的表兄弟会如何问候对方呢？

答案至今没有找到。

（杨威）

两位登山者无意间拍下行走雪人的镜头。但是由于缺乏更有力的证据，他们拍摄的画面虽然引起轰动，却一直没有被学术界认同

真实的魅影

世界上有很多水怪传说，不过，这些传说后来都被证实，要么是某种形式的误认，要么就是人为制造的闹剧。比如长白山水怪，就是一些水边生存的动物或是船只进入水里造成的；而英国的尼斯湖水怪，后来就被证明是有人故意制造的假象，用来吸引游客。像这样的水怪传闻还有很多，不过，没有哪个地方的传说能够经得起长时间的推敲。然而，有一个地方却非常特别——我国新疆的喀纳斯湖，在这个风光如画的地方，水怪的传闻似乎越来越接近现实。

1．浮木还是远古生物？

夏日的一天，一群来自北京的游客在喀纳斯湖面上乘船游览，当船行进到三道湾附近时，离船 200 多米远的水面上忽然激起 1 米多高、20 多米长的浪花，突然出现的浪花快速地向湖心方向涌动。

当时中国青年政治学院的教师李筱陵就在现场，他回忆道："岸边出现一大排浪，大家都在看。开始以为是要过船了，因为我们当时是在一个弯道上，就以为是那边要过船，打的浪花在岸边。可是等了一会儿没见有船来，又以为是要起风了，可当时湖面风平浪静。这个时候就不知道谁冒了一句，说是不是湖怪呀。”

在一阵大浪涌过之后，人们发现，远处的水面下出现了一个巨大的身影，而且这个身影也在快速地游向湖心方向。过了一会，原本连在一起的不明物体变成了两个，一前一后在水面下潜行。大约两分钟以后，两个不明物体隐身水下，迅速地消失了。

李筱陵及时地拍摄了一些画面，这是人类唯一一次近距离拍摄到喀纳斯湖的不明物体。

这次目击事件使得世人重新想起流传已久的喀纳斯水怪的传说。那水面下舞动的身影就是传说中的水怪吗，它究竟有多大？又会是什么呢？

带着种种疑问，我们来到了那个在传说中水怪经常出没的地方——位于新疆北部阿勒泰自治州境内的喀纳斯湖。喀纳斯管理局的护林员金钢，也是水怪最早的目击者之一，向我们讲述了 25 年前的一次遭遇：

“那年 8 月 1 日，天下着雨，我到湖头去看下边的护林员的工作情况。下午五六点钟左右，我突然看到整个喀纳斯湖中间有一个东西漂着，湖里有一个红色的东西出来了。”

金钢在湖头附近看到漂浮着一个十五六米长的巨大红色物体，这是他第一次在喀纳斯湖里看到如此大的漂浮物。他赶紧找来了同伴，让同伴看看是什么东西。同伴开始以为是一棵漂着的大树，后来又说不是，不知道到底是啥？

两个人决定跑到湖边去一看究竟，此时，天色已经渐渐暗了下来，而他们观测的地点距离湖边大概还有4千米的路程。等他们赶到湖边时天已经快黑了。本来金钢打算开船过去看个究竟，但是同伴阿拉汉拉住他不放。他也有点害怕，万一怪兽攻击自己怎么办。

新疆的喀纳斯湖

后来金钢想出了一个办法，他们找来了几根木棒做成支架，然后从不同的方向对准了湖面上的不明物体。如果被瞄准的物体有移动，那么通过两个点能够观测得更精确。他们惊讶地发现，那个不明物体的确在缓慢地移动。

第二天一早，两个人又来到昨天发现不明物体的水边。奇怪的是，那个不明物体已经消失了。根据金钢的描述，他看到的不明物体好像是大树干。喀纳斯湖的周围都是大面积的原始森林，一些枯木倒下后落进湖水里，这些枯木随着波浪上下颠簸，看上去很像一个东西在游动。金钢看到的会不会是枯木造成的假象呢？

金钢本人却不这样认为，他说：“要是落叶松，它的叶子是绿色的，也带有一点棕红色，而水里那个东西的颜色不是这样。一个活的东西可能往东漂移，也可能往西漂移，但它不会转着走。”

喀纳斯湖是一个吞吐湖，有进水口和出水口，湖水是缓慢流动的。按照常理，进入湖水的枯木会顺流而下，停在湖水的出口。然而，喀纳斯湖却是一个例外，在湖水的下游没有一块枯木，相反大量枯木停留在湖水上游的湖头部分。为什么枯木没有顺流而下，反倒停留在上游呢？这个问题曾经困扰过新疆环境科学研究院的袁国映很长时间。

袁国映在湖的北端发现一个浮木带，他感到奇怪，不知这是怎么形成的，后来进行考察时他也到浮木带去看了。他在观察了这里的地理气候特点以后发现，喀纳斯湖的这个山谷形成山谷风，谷风从湖的南面吹来，向背面刮的风很多，西北风到这个山谷里面也会转过来把湖面上的东西往北面吹，掉到湖里面的大的木头都被吹到北面了，所以在北面形成了浮木带。

密切注视着湖面

他们观测的地点距离湖边大概还有4千米的路程

金钢也就是在这个湖头附近看到了他所说的不明物体。初来乍到的人，如果对这个地方不熟悉的话，一定会觉得这个地方很恐怖、很神秘。为什么呢？上游有被淹死或者冻死的动物的尸骨，以及漂浮木顺水而下，由于上游河道非常窄，因此流速非常的快，而到了湖头附近水的流速一下子减缓了，动物的尸骨失去了推动力，基本上全都漂浮在这个地方了。木头很轻可以顺水往下漂，但是这个地方常年盛行风向是南风，从下往上刮，于是木头又被刮回来了。即便偶尔刮北风，在越过山刮过来遭遇到这边山的阻隔之后，又转变成了南风，还是把这些木头往湖头附近推，时间长了，这个地方就堆积了大量的动物尸骨以及漂浮木。依据这一点，很多人认为金钢所目击到的那个神秘的不明物体，很可能是一大块漂浮木。

不过，金钢坚持认为自己看到的是一个活的东西，而不是浮木。他到底看到了什么东西呢？金钢自己难以判断，直到两年后的秋天，金钢在骑马巡山时，再一次看见了一个奇怪的不明物体。

那天，他骑着马走过来，看见湖中间有一个东西钻出来，在水面上的部分就有四五十厘米高。由于他与那个不明物体之间的距离有100米左右，看不清楚是个什么东西。

他们惊讶地发现，那个不明物体在缓慢地移动

金钢决定借一架望远镜看个清楚，他骑马来到附近的一户牧民家里，一边策马一边大喊，说自己在喀纳斯湖里看到一个东西。然而意想不到的事情发生了，几个当地的居民不但没有借给金钢望远镜，反而厉声训斥他，他们说，那个东西是湖圣，不能乱说。后来，那些人没理会金钢，金钢也没借成望远镜。

遭到训斥的金钢只好放弃了用望远镜观测的想法，但是在金钢的心里也产生了一个谜团，他想，那些人究竟有什么“不好说”的呢？当他详细询问原因时，当地的老人们却不愿意回答他，只是一个劲儿地说，这个不能随便乱说。

看来，这些老人似乎在刻意隐瞒着什么秘密。图瓦人有好客的传统，也许对来自远方的客人他们能说点什么。于是在金钢的带领下，我们拜访了住在喀纳斯湖附近的一个图瓦老人。果然，老人很爽快地回答了我们的问题。老人说，喀纳斯湖附近的牧民曾经在湖的中央看到一个1米长、50厘米高的像背鳍一样的东西，呈灰色，后来沉入水下。

看来，老人也知道湖水里面存在一些神秘的东西。然而，当我们继续问一些有关水怪的传闻和图瓦人的历史传说时，老人却表示一概不知。

我们遭遇到和金钢一样的情况。不过，因为金钢和当地人相处的时间长了，他倒是了解一些秘密。喀纳斯湖边的居民以图瓦人为主，图瓦人是成吉思汗的后代，是蒙古族的一个分支。传说，成吉思汗西征时曾经路过此地，而且十分留恋这里的景色，并希望死后能长眠于此。这会不会是成吉思汗埋葬于此，而图瓦人为了不让人打扰成吉思汗死后的安宁，故意编造传说来震慑意图不轨的人呢？

新中国成立前这个地方的局势非常动荡，匪盗横行，当地的土匪经常抢夺各个民族的财产。图瓦人是一个非常弱小的民族，面对强横的强盗，他们只能想出种种办法来保护自己的财产。当强盗说要抢他们马的时候，图瓦人没有办法，只能乖乖地交出去。这个时候，有一个聪明人想出一个好办法，他开了一条船，自己坐在船上牵着这群马的头马，带着所有的马渡过了喀纳斯湖，走到了一处非常隐蔽，但是很安全的地方。当土匪来要马的时候，图瓦人就说马都被喀纳斯湖里的水怪给吃掉了。土匪不相信，说湖里怎么可能有水怪呢，你带我们去看。结果走到湖边一看，果真有马蹄印，而且都是冲着湖水里走去的，因此土匪也就不得不作罢了。图瓦族人靠着自己的智慧，编造了一个谎言迷惑土匪。因此湖里的水怪、图瓦族人的说法，以及金钢的目击，现在看来都不大可信。

然而，和很多流言一样，水怪的传闻并没有轻易终止。20世纪90年代，喀纳斯成立了保护区，湖面上开始有游艇来往，而那些游艇的驾驶员经常听到附近的居民告诉他们要小心湖里的东西。开始，他们并没有在意，以为只是一些传说而已。但是，时间久了，他们也发现了一些异常的现象。

喀纳斯湖是一个吞吐湖，有进水口和出水口

喀纳斯环境与旅游管理局游艇驾驶员仝保明说：“湖面上一条船也没有，风平浪静的时候，经常突然起浪，而且还是挺大的浪。”

不过，人们还是没有把它和水怪联系起来，直到有一天，他们亲身经历了一次意外事件。这次事件也终于使得喀纳斯水怪为世人所知。

有一次，喀纳斯管理局的干部赛力克和驾驶员仝保明一起驾船巡湖，在船行进到四道湾的时候，他们远远看见有一条白色的船在前面缓慢行进。

喀纳斯环境与旅游管理局干部赛力克回忆说：“当时仝师傅也看见有条白

色的船，开始以为是游客的船，可过了一会，我们发现它像两只鸭子一样停在水面上。”

此时，赛力克和仝保明距离不明物体大概有 200 米左右，他们看到那条白色的船变成了两个黑色的鸭子一样的东西停留在水面上。当他们继续靠近不明物体时，他们看到两个巨大的叉子状的东西沉入水下。

鸭子一样的身型，叉子状的尾巴，以及巨大的身躯，赛力克的描述使我们想起典型的传闻中的水怪形象。

如果赛力克所描述的目击事件是真实的，那么，当年金钢看到的漂浮物就极有可能不是浮木。在喀纳斯这个面积并不大的湖泊里面，可能真的存在某种东西？难道世界各地传说中像恐龙一样的怪兽真的在喀纳斯出现了吗？

新疆环境科学研究院的袁国映多次到过喀纳斯，曾经对喀纳斯的地质环境进行过系统考察，对于这种湖怪是恐龙类动物的说法，他认为是缺乏根据的：“喀纳斯湖就是冰川刨蚀出来的，根据我的研究是 35 000 年以前第二次大冰期——玉木冰期的时候形成的湖。”

在亿万年前，整个新疆地区都被海水覆盖，后来伴随地壳的上升成为陆地，在冰川的侵蚀下，逐渐形成了今天一弯月牙形的湖泊。喀纳斯湖水的形成不过只有 35 000 年，而恐龙早在 6 500 万年前就已经灭绝了，因此，远古生物在喀纳斯存有孑遗是不可能的。而 35 000 年前喀纳斯地区还被冰川覆盖，广阔的冰原上可能会有微生物生存，但不会有大型生物。会不会是从 35 000 年以后，又有新的爬行动物迁移到这里，在特殊的环境里进化出大型的个体呢？然而这只能是一种猜测。无论如何赛力克他们的目击事件还是被传得沸沸扬扬，加上之前的种种传闻与目击事件，使得人们相信，喀纳斯湖里面真的有水怪存在。不

考察队在湖水里面布置了上百米的网，希望捕捞到一些新的鱼类物种

久之后，一支科学考察队将会来到这里，而他们的经历使喀纳斯水怪的传闻变得更加匪夷所思。

2. 神秘大鱼

夏天，一支科学考察队来到喀纳斯，目的之一就是考察喀纳斯湖里面是否真的有水怪存在。领队是新疆大学生物系的教授向礼陔，但是在完成这次科学考察后不久，向礼陔就因为胃癌去世了。

向礼陔是专门研究动物的，当时是新疆动物学会的理事长，是新疆动物界的权威。

那一次科考正值夏季，一路上阴雨连绵，队员们最后不得不放弃汽车而改用驼队。到了喀纳斯湖后，天气终于晴了。考察队一个重要的任务就是要调查喀纳斯湖里面鱼类资源的状况，他们在湖水里面布置了上百米的网，希望捕捞到一些新的鱼类物种。然而，等到第二天，他们发现上百米的大网不见了。起初，他们以为是被流动的湖水冲走了，他们在湖水的下游找了两天也没有找到。会不会是牧民把网拿走了呢？但是，牧民们对考察队都非常友好，这种可能性极小。这时候，他们想到了喀纳斯水怪的传闻，一种不祥的预感萦绕在队员们的心头。到了第三天，考察队在网的上游两千米处找到了丢失的大网。网的一端已经被拽入湖底，渔网被搅成一团，展开以后发现，渔网被撕开一个大口子。什么样的东西能有这么大的力量呢？人们开始怀疑是湖怪所为。

在望远镜里，向礼陔隐约看到一条红色的大鱼游过并迅速消失了

领队向礼陔决定进行一番调

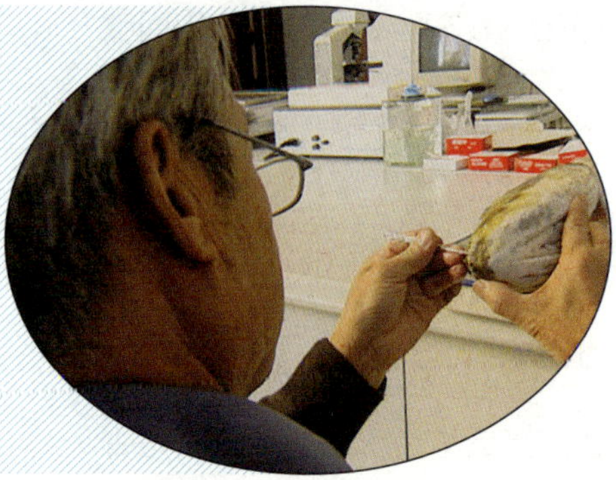

记者在任慕莲工作的研究所看到了人工养殖的哲罗鲑

查。最初他在湖边巡视了几天都一无所获，他索性在湖边住了下来。一天早晨，湖水的声音突然有了变化，向礼陔看见湖面上涌起一阵浪花，浪花下面有一个巨大的影子在游动。在望远镜里，向礼陔隐约看到一条红色的大鱼游过并迅速消失了。

那么，向礼陔会不会也是一种误认呢？比如，水面上的浪花有的时候从特定角度看上去就很像一个物体在游动。此外，湖里生长的水草会集群生长，还会随着水花荡漾，也很像有东西在游动。枯木偶尔也会进入湖水中央，它们常常在水面上颠簸回旋，非常像是怪物在游弋。会不会是这些原因造成的假象呢？能够帮助我们解答这些问题的只有向礼陔，然而，他在 1985 年因病去世了。当年和向礼陔一同去考察的还有他的同事徐金发，他还记得一些当年的情况。

向礼陔在看到湖水里的一些异常情况后，第二天一早，他带领考察队全体成员来到了高处的“一览亭”，希望能再次看到那个物体。

那天太阳刚出来，没过几分钟，他们突然看到山坡对面的庄稼地上空出现了一个凉亭，还出现了科考队员的身影，周围还有七色的光环，赤橙黄绿青蓝紫，什么颜色都有，当时他们都高兴得跳起来了，那就是佛光。

刚刚下过雨，天空中出现了彩虹和佛光！然而，就在彩虹与佛光过后，有人发现了异常的东西。

徐金发回忆说：“有学生看见一种东西在水下面，红红的，有几十个，最多的时候有 100 多个，在水中微动，垂直高差 600 米，距离一千米以外。”

徐金发随身携带了照相机，他拍下了两张清晰的照片。从照片上看这些鱼的影子都硕大无比。湖岸边的树有二三十米高，而这些鱼中大的头有树冠大，估计长度 10 米开外。这种怪鱼的数量很大，体型也很大，形状是纺锤形，背部呈棕红色。

考察队认为看到的东西很像是大红鱼，因此，他们把原来山顶的一览亭改名为观鱼亭。考察队观察了几个小时以后，下山途中正好碰见了新疆环境科研所的袁国映，他们向袁国映说看到了大红鱼。

袁国映：“科考队说他们看到了大红鱼，最大的鱼头有212号汽车那样大。但是我在这之前也进行过考察，我本人也在湖里面游过泳，而且湖周围的山我都爬过，却从来没有发现过什么水怪，或者太大的鱼。我当时根本就不相信他们说的话，以前虽然听说过有水怪的故事，但是一直不相信的。他们说了我还是不相信，我说哪里有鱼头大到212汽车那样的，那个鱼还了得？我认为这不可能，也就没有理会。”

虽然袁国映并不相信向礼陔的话，但是，因为考察的需要，第二天一早他和同伴也到了观鱼亭。由于前两天下过雨，当天天气非常好，袁国映看到蓝绿色的湖面上有很多红褐色的圆点。

袁国映认为所谓的红色怪鱼其实是湖面上一片一片的水藻，红褐色水藻或者是浮游生物团集在那个地方进行活动，而且面积很大。他正在这样想时，听见旁边拿望远镜的学生说，是大鱼。袁国映一下子想起来前一天科考队跟他说的话，连忙把望远镜拿过来一看，湖里一片一片红褐色的大点子，形状像蝌蚪一样的大点子，就是一条条鱼的鱼头。

由于袁国映随身携带了录像机，他及时地录下了一段当时的资料。虽然已经时隔20年，但是，从这段录像当中仍然可以清晰地看到湖面上有很多巨大的影子，其中有些影子还可以隐约看出鱼的形状，但是并不十分清晰。这些影子会不会是一些小鱼聚集而成的呢？

一些小型鱼类喜欢聚集在一起形成一个巨大的影子吓唬捕食者，让捕食者误以为看到的是一个大家伙，从而放弃捕食。但是，这些鱼群有一个特点，就是不能长久维持。一般持续几分钟就散了。袁国映

6天里基本每天都捕到10尾，一共捕到59条鱼

一群来自北京的游客在喀纳斯湖面上乘船游览

他们却在山上观测了 3 个小时之久，这些影子一直存在，并且通过望远镜袁国映看到了更清晰的细节："那显然是一条一条的鱼，而不是一群鱼。鱼的眼睛很大，嘴也很大，嘴在一张一合地呼吸空气，就停在原来的水面上几乎不怎么游动，周围一圈圈的圆环波纹非常明显。在望远镜里可以看到鱼的眼睛和呼吸的鳃。"

在袁国映他们到达喀纳斯之前，这里已经持续很多天的阴雨天气，袁国映认为是低气压造成了湖水里缺氧，所以，这些大鱼都浮到水面。从袁国映拍摄的录像中可以看出，这些巨大的影子都浮在水面上几乎一动不动，很像是大鱼在吞咽表层水以获得水面的氧气。而且，袁国映认为，能够观测到的只有大鱼身体的三分之一。

当时的湖水并不是十分清澈，只能看到鱼头和鱼的上半截的一部分，水深一点的地方就看不到了，它们在水面上就像一个蝌蚪一样，看到的部分就是个鱼头，脊背以下的部分就看不到了，它的尾部基本上看不到。

根据徐金发拍摄的照片，我们把这条鱼隐身在水下的部分也勾画完整就会发现，这条鱼的大小几乎等同于岸边的大树，而这些大树的长度一般都在 15 ~ 25 米之间。这条鱼的长度令人匪夷所思，远远超出地球上人类已知的任何一种淡水鱼类的长度。它的大小几乎可以和鲸鱼相媲美，如果这是真实的，在喀纳斯发现的大鱼绝对称得上是世界淡水鱼之最。

考察队在网的上游两千米处找到了丢失的大网

惊人的发现使得考察队员们甚至不敢相信自己的眼睛，他们做出了一个大胆决定——捕捉一条大红鱼，以证明自己看到的是真实的。他们连夜下山，在县城的一个铁匠铺打制了一个巨型鱼钩。他们用一整只羊腿做诱饵，用一根 2.85 米长的圆木作鱼漂，尼龙绳做渔线。因为他们曾经看到过那些巨型的大鱼，所以当队员们划船把羊腿投放到湖水中间时，心里也充满了恐惧，他们知道，如果大鱼攻击他们可能就像人吃面条一样容易。好在没有发生意外，队员们把绳子的另一头拴在了一棵树干上，然后开始等待。

徐金发回忆说："等了好长时间怪鱼也不过来，后来终于有条鱼过来了，但就是不上钩，慢慢地从浮标旁边擦肩过去了，再把身子横过来。我们这个浮标的长度是 2.85 米，当鱼身横过来，我们拿浮标作为参照跟它一比，这条鱼的长度大概是浮标的 3 倍，长度应该在 10 米开外。"

虽然有鱼游过来，而且有的个体非常大，但这些鱼很狡猾，并不咬钩。队员们又抓了一只野鸭子，把野鸭子当诱饵，但是仍然一无所获。

虽然没有捕捉到水怪，但是专家们一致认为它肯定是一种鱼类。根据人们对喀纳斯水下鱼类的考察，除去食草的小型鱼类，在对几种食肉性鱼类的比较和研究后，人们都倾向于哲罗鲑。

袁国映说："通过调查，在喀纳斯湖的八类鱼里面，只有两种最凶猛的鱼类，一种是哲罗鲑，另一种是江鳕。江鳕个体较小，最大的也只有一米多，但是哲罗鲑却可以长到很大。"

哲罗鲑性情凶猛，行为诡异，肚皮是白色的，身上有红色的斑点，这些红色的斑点在成年以后会比较明显。这也正好符合目击者看到的水怪颜色。

如果真有长度达到 10 米以上的哲罗鲑，那么管理局的干部赛力克和游艇驾驶员仝保明目击到的像白色游艇的东西很可能就是哲罗鲑在追逐翻滚时露出的腹部，而当赛力克靠近一些时看到的黑色鸭子形状的东西应该是哲罗鲑的背鳍，至于他接着看到的叉子状的东西则是巨型哲罗鲑的尾巴。但是，如果认为水怪就是哲罗鲑，就有一个重要问题不能解释，为什么过去人们捕捉到的哲罗鲑最大记录只有 2 米多一点，而这里的哲罗鲑却可以达到十几米？

虽然考察队一时还感到疑惑，不过，向礼陔还是写了一篇论文，发表了自己的看法，并且提出他们发现的哲罗鲑最大的长度在十几米。这篇论文一发表立刻引起轰动，好多国外的机构都与他们联系，要求前来摄影、录像，还有的甚至要求来捕捞和考察，合作开发。

在众多感到震惊的人中，就有黑龙江水产研究所的任慕莲。他长期从事水产资源的调查，哲罗鲑也曾经是他研究的一个重要课题。他对哲罗鲑能够达到 10 米的长度表示了强烈质疑："任何一种生物都有它的生长规律和生长特点，没有一种生物能够无限制地生长，最多也只能是生存环境优越，生长速度快一些。超群的现象是有的，比如在饵料丰富的情况下，同样是 1.5 米的鱼就可能长大一点，在水瘦、饵料不丰富的地方就小一点，但是在每一个水域，都有一定的规律性。"

哲罗鲑性情凶猛，行为诡异，肚皮是白色的

任慕莲根据鱼类生长的特定公式进行推算后认为，喀纳斯湖的哲罗鲑最大的体长是 3.73 米，体重是 506 千克。任慕莲："这个公式不是某一个人专用的，而是在生物界广泛应用的。从鱼类研究来说，研究鱼类生长理论上的一个值都是用这种公式来推断的，体长与体重的关系都可以用这种公式来推算。”

看来，在喀纳斯发现的长度达到 10 米以上的哲罗鲑已经严重超出科学家们的经验范畴。任慕莲决定去进行一次考察，他计划捕捞到哲罗鲑，以证明自己的观点是正确的。然而，这将是一个艰巨的挑战，他能成功吗？

3．仍然是未解之谜

在任慕莲工作的研究所，记者看到了人工养殖的哲罗鲑。哲罗鲑的食量非常大，38 条种鱼每年要吃掉 8 000 千克小鲫鱼。虽然已经饲养了 5 年，这些哲罗鲑最大的也只有 1 米长。但是，哲罗鲑的寿命可以达到 83 岁，会不会在 83

最大的一条鱼就是七十多厘米

哲罗鲑身上红色的斑点在成年以后会比较明显

年的时间里长成巨大的个体呢？

任慕莲不这样认为，他说："任何一种鱼，任何一种生物，它的生长长度都是一个抛物线，重量增加是一个S形的，就是两头生长比较慢，中间比较快。当哲罗鲑生长到三十多岁的时候，它的生长速度就开始缓慢下来。"

世界上有5种哲罗鲑，分布比较广、数量也比较多的就是在喀纳斯湖和黑龙江省生活的这种哲罗鲑，有的也叫塔门哲罗鲑，但是从来没有发现十多米长的个体。因为这一点，任慕莲决定要亲自去看一看，通过实际调查把情况摸清。

1988年7月12日，任慕莲带着所有的装备，包括橡皮艇和四张大网来到了喀纳斯湖。但是，天公似乎并不作美，他们遇到了连日的阴雨天，而哲罗鲑出现必须是晴天，而且是在中午的11点到1点钟之间。

任慕莲他们一直等到7月25日，天空中的阴云才开始慢慢散去。任慕莲带领考察队的同伴开始了他们的捕捞计划，他们把喀纳斯湖分成六段，逐段进行捕捞。喀纳斯湖有188米深，队员们首先布置了底网，从湖水的底部开始捕捞，但是，他们一条鱼也没捞到。后来他们分析认为，188米下面是不可能有鱼的，只有湖的中上层才有可能，并且从鱼的口形上也可以看出来，那种下颚略高于上颚的鱼就是在水的表面专吃上面的鱼。

根据哲罗鲑捕食上层食物的特点，考察队重新把捕捞的深度确定在60米深度以上，这回他们终于有所收获。然而，让考察队失望的是，他们捕捞到的哲罗鲑都非常小。6天里他们每天都能捕到10尾鱼，一共捕到59条鱼，最大的一条鱼70多厘米，重量为4500克，其他的鱼都比较小。

哲罗鲑生性狡猾，会不会大一些的哲罗鲑都躲开渔网了呢？任慕莲认为这种可能性不大，他说："大鱼白天好躲网，但是晚上就不太容易了，我们都是第一天下网，第二天再去取网。"

在捕捞哲罗鲑的同时，考察队也做了观测准备。他们把20根4米长的白色木杆子放在观鱼亭下面的湖水里，因为哲罗鲑的目击事件主要在这一区域。他们曾经观测到一条大鱼的影子从木杆旁游过，任慕莲认为那条鱼不超过 4 米。

在两个月的考察时间里他们捕捞到的最大的哲罗鲑只有 70 厘米，观测到的最大哲罗鲑是 4 米，印证了任慕莲此前的推算结果。但是，为什么能够观测到 4 米长的大鱼，而捕捞到的却只有 70 厘米呢？这也从另一方面说明了捕捞手段的局限性，而观测又受时间和天气以及很多未知因素的影响，所以，仍然不能排除有巨型哲罗鲑没有被发现的可能。

1988 年的考察总共进行了 2 个月，任慕莲的结论是这里的哲罗鲑长度不会超过 4 米。有趣的是在这次考察之后，水怪的目击事件也逐渐冷淡下来。不过，这也有可能是旅游开发造成的，在曾经多次观测到水怪的水域，整个夏季游艇都在不停地来往穿梭，极有可能影响到水下生物的正常活动。

2004 年 9 月 27 日，这一天天空中阴云密布，湖面上阴风四起。赛力克和全保明两个人驾船到湖头执行任务。当他们行进到二道湾时，湖面上的风声更加紧迫，两岸上的丛林里也传来阵阵野兽的怒吼。赛力克他们马上掉转船头沿着岸边回到了码头，惊魂未定的他们这时才发现，脚下的大地也在颤动。

赛力克说：“我们当时走到码头的时候，根本就走不动了，整条船摇摇晃晃的，当我们走到湖边时，人家都说地震了。”

据我国地震台网的监测，在中俄边境的交界处发生了里氏 7.9 级的大地震，会不会是地震使得那个久未露面的怪物又重新出现了呢？据赛力克描述，那个怪物呈椭圆形，在没有完全离开水面的情况下，它的高度就已经达到 10 米以上。

解剖哲罗鲑

时隔不到两年，2005 年 6 月 7 日，一群来自北京的游客在喀纳斯湖面上乘船游览，当船行进到三道湾附近时，离船 200 多米远的水面上突然激起 1 米多高、20 多米长的浪花，突然出现的浪花

还快速向湖心方向涌动。紧接着人们发现，原本连在一起的不明物体变成了两个，一前一后。这些都被李筱陵用录像机拍摄到了。

当把李筱陵拍到的这段录像放慢一些，我们可以看出在水面下确实有一个巨大影子。通过反复播放隐约能够看出水下的阴影是一个整体。有的画面还能清晰地看到露出水面的三角形的像背鳍的东西。李筱陵用摄像机取景框做参照，他发现的那个东西有十几米长，同行的人中有的甚至认为有 20 米长。

如果这个影子真的是哲罗鲑，而且长度也能达到 10 ~ 20 米，那么，它的重量将会是非常惊人的，远远超出以前人们做出的各种猜测。

任慕莲认为，按照生长的体重和体长的关系来推断，15 米的鱼，体重应该达到 32 000 千克，这就像在海洋里的鲸鱼。

重要的是，作为一个生命体最基本的特征，无论是大还是小都要有新陈代谢。哲罗鲑是一种肉食性的鱼类，如果喀纳斯的哲罗鲑能够变异达到 10 米以上的长度，那么它们吃什么呢？

早在 1988 年，任慕莲就对喀纳斯湖水中的生物含量进行过调查，发现这里最高水温只有 16 摄氏度，属于冷水湖泊。因此，湖水中的生物量并不丰富，他说："从喀纳斯湖的生物量上来看，1 升湖水里面只有零点几毫克的植物和动物，它属于贫中营养型的湖泊。”

虽然，喀纳斯湖水中的营养并不多，但是，这里却保持着很好的原始状态。另外，喀纳斯湖是吞吐湖，上游有两条河流持续不断汇入喀纳斯湖，养分虽然少，却是持续不断供应。加上冷水鱼类对食物的需求本身就少，因此，这里生存着大量的小型鱼类。

袁国映证实了这一点。他说：“我们在 1980 年考察的时候就看到，湖边在夏天的时候，黑压压的几万条的小鱼挤到一块，用脸盆就可以舀上很多。这说明能长成大鱼的底层的食物链是存在的。”

虽然湖水中小鱼数量很多，但是，巨型的哲罗鲑是不可能以这些小鱼为食物的。对此，袁国映的解释是同类相残：“大的哲罗鲑必须要吃比它小一点的哲罗鲑才能生存，因为太小的鱼不够它塞牙缝，而吃一条比自己体型稍小的同类鱼就可以维持很长时间。”

根据袁国映的猜测，那些 16 米以上的大鱼完全可以捕食 4 米左右的鱼，从而在很长一段时间内不用进食，很多人也曾经看到过在剖开的哲罗鲑的肚子里有它的同类。然而，任慕莲 1988 年在喀纳斯捕捉到的 59 条哲罗鲑的肚子里面没有发现一条是被它吞下去的同类，这又如何解释呢？

任慕莲认为，那是因为有人把小红鱼当成大红鱼了。小红鱼和大红鱼一般不太好区分。小红鱼的生长速度要远远低于哲罗鲑，它的个体大小也没有哲罗鲑那么大，而且有的时候还在一起互相吞食。

赛力克和仝保明两个人驾船到湖头执行任务

在自然界中，同类相残一般都是处于一种极端情况下发生的，会不会喀纳斯也正是这样的情况呢？由于湖水里的同类太多而食物来源又严重缺乏，哲罗鲑不得已而做出这样的选择呢？

假设这种情况成立，哲罗鲑通过吞食

同类而生长成巨大的个体，那么，这些巨型的哲罗鲑是如何繁殖的呢？正常情况下，哲罗鲑必须要洄游到湖水上游的浅水中才能繁殖；而喀纳斯上游的河水都是急流浅滩，那些 10 米以上的大鱼是无论如何也难以通过的。对此，有人解释这些大鱼已经变异放弃了繁殖，不再洄游，终身囚禁在大湖之中。然而，这却违背了哲罗鲑的天性。

鱼类之所以需要洄游主要是因为河水中氧气充足，有利于鱼卵的孵化，而喀纳斯湖正好具备含氧量充足这个特点。是不是有些鱼不需要洄游也能繁殖呢？没有人能够回答这个问题。

一方面是来自目击者大量的证据，一方面是来自鱼类研究专家的强烈质疑，究竟谁更接近真实呢？因为迄今为止人类也没能捕捉到巨型哲罗鲑的一个活体或者发现一具尸体，所以，这个水怪是否真的就是哲罗鲑，还很难下结论。即便水怪就是哲罗鲑，又是什么原因导致哲罗鲑发生变异的呢？在喀纳斯幽深的湖底究竟还隐藏着多少秘密呢？

虽然科学家对喀纳斯湖进行过多次考察，但是距离现在最近的一次考察也是几十年前发生的事情。几十年前我们所掌握的科学技术手段相对于今天而言还有些简陋，肯定会对考察结果产生一定的影响，如果将来有一天我们拥有足够先进的仪器对喀纳斯湖进行仔细的科学考察，找到了这种传说中的、巨型的哲罗鲑，那么一切谜底都将自然而然地被解开。当然对于当地的一个旅游景点来说，人们还是希望能够把这份秘密保留得更加长久一点。

在喀纳斯这个狭窄的水域中，应该不会有任何怪物存在，所谓的水怪传说，正是因为人们对生物的不了解，对自然现象的不了解，从而产生的一种恐惧或者好奇心理。

神湖圣象

在四川省九龙县有一个神湖叫猎塔湖，有人看见一个长得像恐龙一样的神秘动物在湖中出现。几天以后，湖水浅滩上出现了一些凌乱的牦牛尸骨，有人猜测，这只牦牛很可能是被湖中的怪兽拖下水的。每次怪兽出现之前，湖面还会出现一种奇怪的漩涡。1998 年有人曾经用摄像机拍下了这个神秘莫测的现象，从画面中隐约可以看到漩涡底下有生物在移动，这是不是水怪出现的前兆？漩涡底下藏着怎样的秘密？在一本上千年的藏经中，也有类似的记载，说湖中有宝贝出现，这个宝贝指的是什么？难道它就是传说中的水怪吗？

1. 是龙还是宝物？

关于湖中有水怪的传说，世界各地都出现过。对于这一类话题，有些人是完全相信，也有不少人是持怀疑态度。由于有人拍摄到了关于猎塔湖水怪的一段珍贵的影像资料，才使很多人更加倾向于相信猎塔湖里面有怪兽。在我们生活的这个地球上，到底有没有怪兽，猎塔湖里的怪兽又是怎么回事，这段录像是真还是假呢？

《走近科学》栏目记者经过十几个小时的奔波，来到了距成都 600 千米以

洪显烈是目前为止唯一用摄影设备记录下猎塔湖水怪的人

外的九龙县城，对猎塔湖水怪之谜展开调查。

刚到县城，他们就听说有一个叫王长生的人，曾经在猎塔湖看到过一个将近 20 米长的神秘怪兽。

王长生是当地文化站的一位宣传干事，有一天，他到山上写生的时候，无意中看到湖中出现了一个奇异的动物。回来后他凭着记忆将那个动物的样子画了下来。王长生回忆说：“第一次看到怪兽露出水面的部分，颈部以上好像长了个冠子，有点像恐龙，很奇特。随后，它又成了一个弯形，拱起来的大概是它的背。这时候水面开始起漩。露出水面的部分以白色为主，上边有一点点黑，还有鱼鳍。当它快速游起来的时候，周围都是水花，估计长度有 20 米左右。”

王长生所画的动物画像，给人的感觉很像是一条龙。

在我国民间，龙是一个图腾化的神秘动物，传说它能腾云驾雾、呼风唤雨，我们现在仍然可以在一些神话故事中见到它的身影。但在现实世界中，龙这种动物是根本不存在的。可是，王长生为什么会把他在湖中看到的动物画成龙的样子呢？在采访中我们发现，王长生酷爱绘画，在他家的墙壁上悬挂着他画的、当地人喜欢的八宝吉祥图。会不会是他在画这几张画像的时候，不自然地增加

猎塔湖位于九龙县城的西南方向，是雪山脚下的一个高原湖泊

洪显烈约上了他的好朋友一起在山里找到了猎塔湖

这一带沟壑密集，森林茂密，平时很少有人来

一些夸张的成分，将所画的东西和龙联系在一起了呢？既然世界上没有龙，那王长生看到的又会是什么呢？在猎塔湖这样的高原湖中，能有什么动物可以长到将近 20 米呢？仅凭王长生的这些画像，那个神秘怪兽的真实面目仍然无法确定。我们在调查中得知，几年前九龙县曾经有人用摄像机拍到过猎塔湖水怪，而且他也是目前为止唯一用摄影设备记录下猎塔湖水怪的人。经过多方打听，我们终于找到了当年拍摄水怪录像的洪显烈。

洪显烈从河北石家庄来到九龙县工作后，被这里优美的自然风光所吸引，萌生了摄影创作的愿望。一次，他在山里拍摄的时候，听当地牧民说起了藏经和猎塔湖的故事，他被这个神奇的故事吸引了。洪显烈说："听人说吉日寺有一本藏经，藏经里记载龙县一个湖泊里有宝物。这个宝物在哪个湖泊也不清楚，但指的方向是南边。"

山上湖泊里有宝物？这个消息引起了洪显烈浓厚的兴趣，在一股强烈好奇心的驱使下，他产生了到山里去寻宝的想法。从那以后，洪显烈就经常利用外出摄影的机会，四处搜集猎塔湖的各种信息。

猎塔湖并不是很大

6 月，洪显烈约上了他的好朋友尼可尔他和陆文东一起在山里找到了猎塔湖。

猎塔湖位于九龙县城的西南方向，是雪山脚下的一个高原湖泊。由于这一带沟壑密集，森林茂密，平时很少有人来。洪显烈他们也是第一次见到猎塔湖，可是，看着眼前这么一个并不是很大的湖泊，他们感到非常失望。

九龙县是一个以藏、汉、彝3个民族为主体的多民族县

洪显烈回忆道："我当时以为这个湖泊会很大，起码有几十万平方米，可是这个湖泊并不很大，我们估计只有 13 ~ 20

这里有着非常浓厚的地方文化传统习俗

万平方米，当时有点失望。”

就在他们四下张望，观察周围环境的时候，突然发现了一些凌乱的牦牛尸骨，而那幽暗的湖水深处似乎有什么东西正在悄悄地接近他们。洪显烈突然产生了一种莫名其妙的恐惧。尽管那个东西在水里，可岸上的洪显烈感到它杀气腾腾，有一股说不清道不明的恐惧感。

洪显烈当时为什么会产生莫名其妙的恐惧呢？在后来的回忆中，他似乎找到了其中答案：“这个地方是神山、圣湖，我们去打扰它可能就会有说不清的事情。神山圣湖是不允许随便去打扰的，去的话，一般要烧香，要磕头。可我们那时不相信这个。”

九龙县是一个以藏、汉、彝 3 个民族为主体的多民族县，有着非常浓厚的地方文化传统习俗。人们崇拜山水自然，认为这里的每一座山、每一个湖都有神灵的庇护。而藏经中关于猎塔湖中有宝物的记载，使猎塔湖变得更为神奇了，人们总是怀着一种敬畏的心情对待猎塔湖，从不敢轻易去打搅它的宁静。洪显烈虽然并不相信湖里会有神灵，但是，神山圣湖的说法对他的心理还是产生了影响，从而令他产生了莫名其妙的恐惧。

在这种恐惧心理的驱使下，他们离开湖岸，把观察点设在了山坡一块较为突出的岩石上，从这里望下去，整个湖面尽收眼底。

他们在湖边静静地一连等待了 3 天，湖面上仍然是一片寂静。

等了四五天以后还是没有宝物出来，尼可尔他开始抱起大石头往湖里砸，说：“你再不出来我就用炸药把你炸开喽。”

尼可尔他的这个举动并没有带来任何效果，猎塔湖的湖面上仍然一片沉寂。他们开始怀疑，猎塔湖中究竟有没有传说中的宝物？如果有，为什么四五天过去了还没有出现呢？

藏经里只是说这里有宝贝，但是什么样的宝贝谁也不知道，正是因为很想知道究竟是什么样的宝贝，洪显烈激励了他们继续在那里蹲下来。

洪显烈他们在山上蹲守，一方面要忍受着阴冷潮湿，一方面还得防备山上的猛兽袭击，到底是什么能够支撑着他们坚守如此长的时间呢？实际上就是他们心里的一个愿望，这个愿望就是能够找到猎塔湖里的宝贝。在九龙县这并不是一个秘密，因为很多人都知道猎塔湖里有一个很神奇的宝贝。关于猎塔湖以及这个宝贝，在当地一个流传很久远的藏经当中有详细的描述。那么藏经当中所说的这个宝贝到底是什么？这个宝贝又和猎塔湖里的怪兽有什么联系呢？

吉日寺是九龙县最古老的一座寺庙，最兴旺的时候曾经有过一千多个喇嘛，那时候来寺庙中拜佛祈福的人络绎不绝，香火和诵经的声音延绵不断，整日回荡在山谷之中。那部记载了猎塔湖水怪的经书就收藏在这座寺庙里。在吉日寺，我们看到了那部已经封存多年的古老藏经。洛让达瓦喇嘛讲解说，猎塔湖的经书上的字是用金子和银子写的，记载着吉日寺的东方有什么东西，南方有什么东西，西方有什么东西，北方有什么东西。在吉日寺的南方有一个小湖，小湖里边有一个宝贝，活佛就曾看到过猎塔湖里有个宝贝，有东西冲过去在小湖里跳跃。但是，经书上没有说猎塔湖的宝贝到底是什么？

从洛让达瓦喇嘛讲解那段经书的内容来看，活佛当年看到跳出水面的应该是某种动物。那么，它和后来王长生所看到的那个神秘动物之间是否存在着某种联系呢？时隔近千年，难道它还会在那里吗？

洪显烈他们在湖边观察了 7 天，仍然没有任何发现。第 8 天早上，他们准备下山，洪显烈恋恋不舍地来到湖边的那块岩石上。突然，让他意想不到的事情出现了。湖里突然出现了一个像逆时针旋转的车轮一样的漩，把水搅开逆时针旋转。他们非常激动，连摄像机拿在手里都忘了拍摄。

尼可尔他回忆说："水里的漩是个像锅盖那样的圆形，波纹撒开的时候有六七米，把水搅起来的力量很大，绝不是人力所为。"

由于那个奇怪的现象在湖面上很快就消失了，他们当时并没有来得及把它拍摄下来。

大约 1 个小时之后，奇怪的现象再次出现，这次洪显烈迅速地将摄像机对

在恐惧心理的驱使下，他们离开湖岸

准了湖面。这次水涡旋转的方向不是固定的，在湖里东南西北随便转着乱跑。这一回，洪显烈终于拍摄下了一组珍贵的镜头。

王长生说，他看到那个将近20米长的神秘动物在湖中出现的时候，湖面被掀起了一个巨大的漩涡，而洪显烈他们看到的这个奇怪现象，很可能就是那个近20米长的神秘动物将要出现的前兆。然而，洪显烈他们并没有看到湖面上出现任何动物的影子，仅凭这段录像资料仍然无法确定那个神秘动物的真实面目。

但是，王长生却清楚地记得那个神秘动物在湖中出现的样子，他描述道："它很凶猛，从远处看有点像恐龙。"那么，王长生当时看到的会是恐龙吗？

他们把观察点设在山坡一块较为突出的岩石上，整个湖面尽收眼底

专家李奎认为，远古的水生爬行动物，例如恐龙时期的鱼龙、蛇颈龙等水生爬行动物早在6 500万年前就随着陆生的恐龙一起灭绝了。猎塔湖是一个堰塞湖，更不可能有远古的海洋水生爬行动物残存在湖泊里面。

恐龙是生活在距今大约2亿1 000万至6 500万年前的侏罗纪和白垩纪时期的远古生物，在一次毁灭性的灾难中突然消失了。猎塔湖是喜马拉雅山脉隆起的造山运动中由于岩石崩塌而形成的堰塞湖，它的年龄距今不过2万年左右，因此，在如此年轻的猎塔湖中不可能有恐龙那么古老的远古生物存在。

既然这样，王长生当时看到的那个近20米长的动物又是什么呢？在水生环境中的现代生物，除了海洋里的哺乳动物鲸成年后可以长到15 ~ 20米，是世界上最大的水生动物以外，在淡水环境中至今还没有发现过有将近20米长的大型水生动物。猎塔湖这样一个仅有5个足球场大小的高原湖泊里能有那么大的生物存在吗？

李奎认为，湖面本身较小，微生物、小型鱼虾几乎都不能生存，食物链也不可能使湖中出现很大的生物。

如果没有大型生物，那王长生看到的将近20米长的神秘动物会是什么？难道是他出现了幻觉吗？

我们都知道，任何一种生物要想生存下来，必须要有足够的生活空间和充足的食物来源。小鱼、小虾这些个体比较小的生物，需要的空间和食物相对较低，但是，像大型动物生存下来就必须要有足够的空间和充足的食物来源。所以，在海洋中会有15 ~ 20米的大鲸鱼存在，但是在淡水湖泊当中，是绝对不可能找到这么大的生物的。

他们在湖边静静地一连等待了3天，湖面上仍是一片寂静

猎塔湖是一个高原湖泊，海拔4 300米，气温低、气压低，生物量相对较少，环境相对恶劣，整个湖的水域不大，只

有 15 万平方米左右，水深是 20 米。在这种环境之下，实在无法想象，一个体长二三十米的动物怎么才能够活下来。因此，很可能是目击者在向记者描述的时候有意地夸大了事实，或者出现了误判，把小的东西看成了一个很大的东西。就在记者进行调查的时候，又有两位目击者出现了，她们的手中有更进一步的证据，这是否意味着猎塔湖怪兽的真相能够被彻底地揭开呢？

2. 眼见不为“实”

那年 6 月，王伦秀和泽仁志玛一起到山上采松茸，她们来到湖边刚刚坐下休息的时候，突然听见从湖中传来巨大的响声。泽仁志玛吓坏了，这时，她看见湖面亮起来了，来了一道闪光，周围是哗哗哗的巨响。突然刮起的大风将湖面掀起了一阵大浪，与此同时，她们看到湖面突然钻出了一个奇怪的动物。泽仁志玛回忆说：“怪物的头很大，有我家的藏床那么大。眼睛也大，还发亮，嘴像鳄鱼。”王伦秀则认为怪兽像条大蟒蛇。这突然出现的神秘动物会是什么呢？为了能更加确切地了解她们当时所看到的怪兽的样子，记者请她们分别画了一张水怪的图。泽仁志玛画的是怪兽露出水面的部分，而王伦秀则在试图描绘水怪在湖面上运动的整个过程。根据她们的描述，在湖面上出现的是一个既像蟒蛇又像鳄鱼的奇怪动物，那么，当时她们看到的会不会就是鳄鱼或者蟒蛇呢？

吉日寺是九龙县最古老的一座寺庙

但是，鳄鱼是一种每天需要用阳光来提高体温后才能活动的动物，它主要生活在热带和亚热带地区。在我国只有长江中下游的低海拔地区才发现有野生扬子鳄，在海拔 4 300 米的猎塔湖中，是不可能有鳄鱼生存的，同样是爬行动物的蟒蛇也不适合在这里生存。

爬行动物是变温的，气温降低后，它

的体温也会跟着下降。猎塔湖常年的平均气温才 6℃，在这种温度条件下，湖里面是不可能有爬行动物生存的。

由于猎塔湖自身的自然条件比较恶劣，海拔高、气温低、气压低，在这样的环境之下像鳄鱼、蟒蛇这类爬行动物都不可能存在。从这点上，专家就否认了猎塔湖里有类似爬行动物的怪兽存在的说法。这样一来，专家的解释和目击者的证词就出现了矛盾。那么，目击者所看到的东西，是否能和洪显烈录像里拍到的那个东西有所关联呢？

《走近科学》摄制组来到了猎塔湖所在的山脚下，正当他们准备换乘马匹上山的时候，迎面来了几个下山的游客。一打听，那几个游客当天看到了水怪。他们形容：“湖里边出现了一个大圆圈，直径有 5 米多，波纹升高 1 米多。”他们还说，能看到怪兽感到很高兴，听说“十一”的时候有几个重庆游客也看到了，但是和他们说的不一样，重庆几个游客看到的是一个黑红色的东西，从湖的这边箭一样地冲过去了，在水面上露出一个五六米长的水下生物，不知道是什么东西。他们只是看到颜色，是什么东西没有看清楚，但是拍了照片。

来寺庙中拜佛祈福的人络绎不绝，最兴旺的时候曾经有过一千多个喇嘛

记者在当初洪显烈发现水怪时呆的那个平台上架起了摄像机，静静地等待那个神秘动物的出现。将近 4 点的时候，猎塔湖上空突然飘起了雪花，原来平静的湖面上也出现了很强烈的反光。这些反光对于在湖面上寻找目标非常不利。

虽然摄像机拿在手里，洪显烈却忘了拍摄

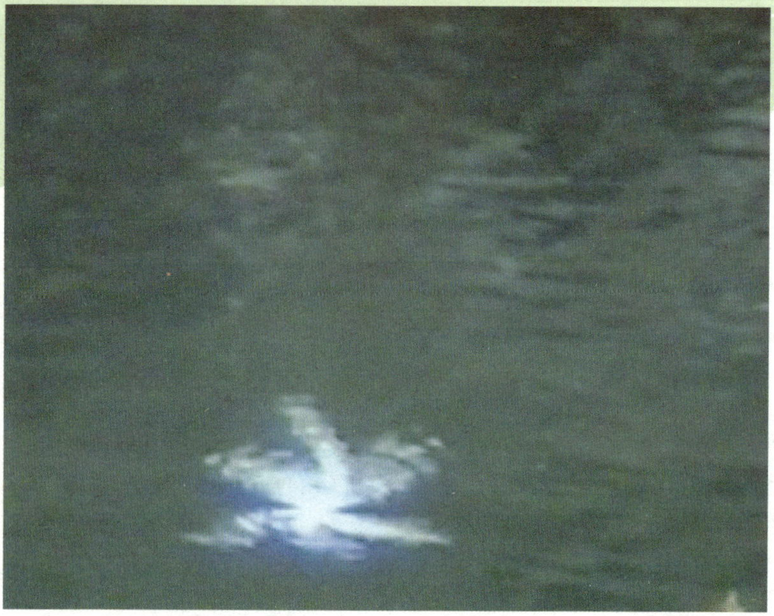

它是一个像锅盖那样的圆形，左旋右旋，旋个五六圈翻起又旋

突然，他们在对岸附近的水面上发现了一片可疑的迹象。会不会是水怪要出现了呢？

很快，这些可疑现象开始不断地出现，期待着的那个神秘动物会马上从湖里窜出来吗？他们不断地调整机位，随时捕捉湖面上出现的这些可疑的现象。可奇怪的是，在不到1个小时的时间里，这些现象虽然反复出现，却没有看到任何生物的影子。

更让人感到奇怪的还有当时的天气。当天下午，猎塔湖上空一直都很晴朗，可是，当湖面上出现这些奇怪现象的时候，却突然飘起了雪花。而那些现象消失以后，雪也停了。这是一个偶然的巧合，还是湖面上天气的变化和那些现象之间存在某种必然联系呢？

专家万新南解释说："当这个奇怪现象出现的时候，天空阴云密布，或者突然下雨、下雪，伴随这个现象同时存在。这种新的现象，跟自然现象是有关的。"万新南教授还说，他和古生物学教授蔡开基2004年在猎塔湖考察的时候，也遇到了几乎和这次完全一样的现象。通过万新南教授拍摄的录像资料看到，那一次的雪下得更大，而湖面上出现的漩涡也更大，持续时间更长。这又是为什么？万新南说："这种现象跟猎塔湖所处的高山气候背景、高山地理背景有关。"

湖面上不稳定的旋转气流在水面上掠过

猎塔湖是雪山脚下的一个高原湖泊，三面环山，形成了簸箕形的地形结构。专家分析，正因为这样一个特殊的地理环境，才导致了这些奇异现象频繁出现。

白天猎塔湖受日光照射，湖水表面温度逐渐升高后，使靠近湖面的热空气上升与高处的冷空气相遇，在两股空气温差的作用下，使空气形成了对流。在对流的过程中就可能形成一个个小旋风。

猎塔湖上之所以会出现旋风，是由于西侧山谷中不断横向吹来的风造成的。当湖面上的对流空气与山谷中吹来的风相遇时，就有可能使对流空气旋转起来。风向不稳定造成水波纹方向不一致，时而东，时而西，时而南，时而北。

专家们认为，在猎塔湖面频繁出现这些奇怪的现象，并不是因为湖中水怪在作祟，很可能是湖面上不稳定的旋转气流在水面上掠过的时候造成的。

气流是随机的，在这种随机条件下可能产生旋风形式。这种旋风可大可小，如果旋风大的话，就可以产生一个大面积的水涡，水好像在一个平台上转动，用肉眼观测就像一条鱼在游动一样。时间不同，地点不同，气候不同，观测的现象可能不同。

如果湖面上出现的旋风不断增强，就会因为旋风中心气压减小而把湖水吸向空中，从而出现另外一个奇观——水龙卷。泽仁志玛和王长生等目击者看到湖面上出现的那个近 20 米长的神秘怪兽，也许就是这个自然现象使他们产生了错觉。因为他们看到水面上有物体出现之前，湖面上空都出现了很大的风。她们当时听到的"哗哗"声，很可能就是类似水龙卷的情景在湖面上出现时所发出的响声。

由于人们对猎塔湖一直充满着敬畏，而类似水龙卷的情景又从未见过，因此，当这种天气现象突然出现的时候，目击者很自然地就把这个景象和自己所熟悉的事物联想到了一起。擅长绘画的王长生将这种场面想象成了一条会飞腾的龙，王伦秀和泽仁志玛则把它当成了巨大的鳄鱼和蟒蛇。这一切很可能是他们在那个特定情况下产生的幻觉，把旋风卷起的水浪当成想象中的水怪了。

但是洪显烈拍摄的录像资料显示，在旋转的浪花中间有一个非常明亮的白色漂浮物。这个白色物体是什么？通过仔细辨认，在白色的浪花下面隐约可以看到一些黑色的影子在移动，这黑色的影子会不会是湖中的某种生物呢？

记者在湖边发现了一种两栖类的动物山溪鲵，洪显烈拍到的那些奇怪现象会不会是比较大的山溪鲵搅动出来的呢？可是山溪鲵一般都是贴着水底游，在很深的湖底，或是在湖中间，根本不可能浮到水面上去掀起这样的大浪。山溪鲵个体很小，只有 23 厘米长，直径 2 厘米多一点，它掀不起这样大的浪。

但是，如果在湖面上搅起那个圆形浪花的不是山溪鲵，那它会是什么呢？

水波的旋转性转动，很有可能是鱼在集群游动时造成的。普通的鱼由于游泳方式不一样，也会出现一些独特的水花。

杜宗君是四川农业大学副教授，主要研究我国川西高原地区的鱼类资源。他认为虽然川西高原生态环境比较简单，鱼的种类并不是很多，但是仍然有一些耐受力很强的鱼类生存在这里，其中较常见的有裂腹鱼和龙鲤。针对洪显烈拍摄的那段录像中的水花，杜宗君认为，很可能是鱼群在湖面争食的时候造成的。

湖面上出现的旋风不断增强，从而出现另外一个奇观——水龙卷

猎塔湖中有山溪鲵存在，也就会有其他生物存在，而适合在川西高原地区生活的裂腹鱼和龙鲤等鱼很可能

就在湖里生存着。由于猎塔湖是一个封闭的自然环境，湖中食物比较匮乏，一旦鱼群发现湖面上漂浮着可食物品的时候，就会一起上前啄食。圆形水花中间白色的亮点，很可能是岸边脱落的某种物体。

吴贯夫认为那是岸边的积雪飘到水里面，雪结成了冰，被鱼误认为是某种食物，成群的鱼用头部拱着雪块打转，形成了水涡。

猎塔湖的海拔高度是 4 300 米，年平均温度只有 6℃。山上冰雪常年不化，即使在盛夏时节，也常常会下起大雪。偶尔滚到湖中的岸边积雪，就可能成为吸引湖中鱼群相互争食和游戏的对象。在它们相互争食的过程中，推动着雪块在湖面上移动，从而产生了这个奇特的现象。

一直以来，在世界各地都有水怪的传说，但是，随着人们了解的深入，发现其中有不少是杜撰出来的。比如尼斯湖水怪，有人临终前说那是当年他和几个朋友一起用洗衣机的下水管道伪造出来的。还有其他地区的水怪，也都是些似是而非的东西，不太可信。

在这次对中国 3 个地方的水怪进行调查的过程当中，记者发现了它们全都具备这样一些特点：地域偏僻、闭塞，外界的信息相对较难进入到这里，往往被人们冠以神山圣湖等非常美好、很神圣崇高的名字。在这种情况之下，湖里面因为特殊的情况发生了一些很正常的自然现象，或者是一些当地人无法理解的生物现象之后，就会被人们以讹传讹，当作是一种很神奇的生物来看待了，慢慢地越传越广，越传越稀奇了。

通过这件事情，让我们想起了一句老话：眼见为实。现在看来，眼见了也不一定为实。有的时候即使是亲眼看到了，也要考虑是否出现了错觉，抑或是有其他的原因，不要什么事情都往神怪方面联想。

（刘斯宏）

探秘抚仙湖·古墓疑云

一次偶然的雷击，惊现神秘古墓；价值连城的宝藏，离奇消失的王国，层层叠压的墓葬群……会将我们引向何方？

1. 雷击李家山

抚仙湖位于云南玉溪，它的水域不大，约为200平方千米，但是它的蓄水量却占云南全省的67%，全国的10%，这个数字是非常惊人的。熟悉古生物学知识的人都知道，距今5.3亿年前在地球生命的进化史上出现了绚烂夺目的一页，那就是寒武纪大爆发。现代自然界中几乎所有的生物都在那个时候开始出现，并且一代一代地延续了下来，而抚仙湖旁边的帽天山，正是以出产这些化石闻名的。很多人说在帽天山埋藏着我们人类的祖先，于是大多数去帽天山游览的人都是怀着一种无比崇敬的心情去的。抚仙湖也有很多奇怪的传说，比如飞马、湖怪、水下

村民李元华和几个胆大的老乡拿着工具爬上了李家山开地

活人等等，但最让人百思不得其解的恐怕还是抚仙湖下面的那座古城。这座古城怎么会突然跑到抚仙湖的下面呢？它又是谁建立的呢？抚仙湖上笼罩着一层一层的迷雾。

乡亲们挖着挖着，一些奇怪的东西露了出来

抚仙湖所有的神奇故事都由一次偶然的雷击事件引起。

1966年的雨季，玉溪市江川县暴雨不断，闪电和滚雷像是长了眼睛，在短短的几个月里，频频袭击抚仙湖西南面的李家山。在一天下雨的时候，雷击在一座房顶的瓦片上，把长长的一块瓦片击得飞了出去。没有瓦片的房顶下是一张床，床边上有一个箱子，箱子上面垫着报纸，报纸上放的喝水的杯子连同报纸一起全部被雷击碎了。

李家山脚下的村子叫早街村，由于出门随时可能遭遇灭顶之灾，早街村的村民已经很长一段时间不敢上山了。

雷电通常袭击的是最高最突出的物体，然而在一片群山之中李家山是最矮的一座，为什么雷电如此偏爱李家山呢？

终于有一天雨过天晴，村民李元华和几个胆大的老乡拿着工具爬上了李家山开地。被暴雨连续冲刷后的山体十分松软，乡亲们挖着挖着，一些奇怪的东西露了出来。那是些用旧的锅盖、剑、小杠子，剑的边上有些是铁，有些是铜，铁已经锈了，但铜的部分还在。

这些看似破烂的东西，到底是什么呢？出于好奇，村民们把东西带下了山。很快，李家山上挖出奇怪东西的消息在早街村不胫而走，更多的村民们纷纷上山去找，几乎没有人空手而归。据当时参加过挖掘的村民们回忆，山体变得松软后，许多东西都露在了外面，有的剑露出了一半多，用手就能拔出来。还有大铲、小杠子、铜的斧子等等，打仗穿的铠甲的壳也有。

原来，是地下的金属把闪电引向了这里。当地人认为，从土里出来的东西晦气并且破烂不堪，因此人们很快对此失去了兴趣。村民们说：“渐渐就没有

看似破烂的东西有锅盖、剑等

村民们纷纷上山去找，几乎没有人空手而归

农民提着篮子走进江川县供销社问那些东西能不能卖

多少人感兴趣了。我们对这种东西不懂，那么长的剑拿绳子拖下来，但不敢拿回家，拿回家老人会说把邪气东西带回家了。在这个村子里，一般捡到这些东西都不带回家，村里的小孩子玩厌烦了就丢了。”

可是村民老李觉得，与其把这些晦气的东西扔掉，不如拿到供销社去碰碰运气。

这一天，天色将晚，在江川县供销社工作的张元祥正打算收工回家，一个农民提着篮子走了进来,小心翼翼地翻出篮子里的东西问能不能卖。张元祥仔细看了这些东西，有长有短，有些呈人形，起初他不要，因为他觉得那些东西敲敲就碎了，用不着。

工作了十几年的张元祥，从来没见过这么古怪的东西，稍微一敲碎渣子就都掉了下来，他觉得这就是值不了几个钱的破铜烂铁。但经不起老李的央求，他答应问问县城的同志，因为供销社收了东西要交给县城。县里面的同志回答说，这个叫作生铜，可以收，但要刨掉不好的部分。张元祥记得当时买一千克起码刨掉二两，就当作废铜来收的。

在接下来的日子里，不断有农民拿着这些东西来卖，很快在整个江川县传得沸沸扬扬。这些东西古里古怪的，刀也有，叉也有，宝剑也有，有些东西连供销社的人也不认识。

当时担任县文化馆长的李茂兴听说供销社已经收了上千千克的废铜烂铁，他顿时感到事情蹊跷。他把这个事情向上反映，县委又打电话给省博物馆，叫他们来人鉴别，亲自查看一下到底是什么情况，东西是哪里出来的。

2. 揭开古滇国的面纱

从战国到汉代之间，云南的历史上曾经出现过一个地方邦国——滇国。滇国曾经创造了后人难以想象的辉煌，上演了一段与汉朝抗衡的传奇故事。可是，滇国却在公元前 86 年突然神秘消失，当地一直盛传抚仙湖底的古城就是消失了的古滇国国都。而李家山距离抚仙湖不足 10 千米，那么李家山出现的东西会不会和古滇国有关呢？这个李家山脚下的小村庄现在显得如此平静，但平静背后会不会隐藏着古滇国的秘密呢？

经过省博物馆的同志鉴定，肯定这是个古墓群，而这些所谓的废铜烂铁就是当年的殉葬品。

这些看起来不起眼的废铜烂铁居然就是青铜器

没有想到，这些看起来不起眼的废铜烂铁，居然就是青铜器。青铜器有多重要每一个中国人都知道。在商周时期，青铜器是国之重宝，是国家权利的象征，周天子九鼎八簋，预示着天下九州都归周王朝管理。在

省博物馆的同志定下古墓群方位

出土青铜器都极其精美

数以千计的青铜器的出现，使李家山一夜之间变成了一座金山

那个时代一个诸侯国想要消灭另一个诸侯国，必须要做的事情就是捣毁它的祖庙，焚毁它的礼器，也就是鼎和簋，或者将这些东西拿回自己的国家，只有这样做后，才能宣布一个诸侯国彻底被消灭了。

在云南这块神奇的土地上同样也有很多小的文明，比如古滇国的中心区域，也就是现在的抚仙湖一带。公元前 109 年，汉武帝赐给了古滇国国君一枚金印，这枚印章代表着中央政权对于地方政权的一种承认和肯定，但是，古滇国却神秘消失了，成为历史上一个非常著名的千古之谜，这枚印章也下落不明。但是，没有想到 2 000 多年后的 1956 年，这枚印章却突然出现在玉溪市晋宁县石寨山的一座墓葬中。这枚印章的出土让学界为之一震，认为这个千古之谜也许终于可以解开了。但是没有想到，墓葬当中出土的除了这枚金印之外，其他的东西却并不能告诉我们太多关于古滇国的消息。现在，李家山也出现了古墓葬，墓葬里面同样有青铜器，从空间距离上看，石寨山和李家山之间只有 30 多千米，这是不是预示着李家山和石寨山本身同属于一个文明呢？李家山墓葬中的人到底又是谁呢？

李家山能不能像石寨山一样也找到滇王印呢？云南省派出一支考古队，对李家山墓葬群进行了发掘，考古队员共清理出 27 座墓葬，出现在他们面前的陪葬品，让他们目瞪口呆。考古队员回忆说："这些墓葬最大的特点就是铜器特别多，通常一个大型墓里有成百上千件，就是一般的小型墓里面也有几件甚至十几件铜器。"

这一次考古发掘，共出土了 2000 多件青铜器，接近河南殷墟出土的商代青铜器数量的一半，这些器物都极其精美，很多在中原地区从没见过。比如储备器、葫芦笙、铜枕头等，别的地方都没有，有的连周边地区也没有。这些青铜器上的动物不仅有花纹、是立体的，而且已经是写实的。

读商周时代的历史，尤其是春秋战国时期的历史，经常会看到某人立了战功，国君赐他几百金，那个时候所说的金，实际上就是铜。在那个年代铜非常值钱，如果再把铜炼成青铜器，那就不是一般人家能够拥有的了，最少得是士大夫阶层才有资格拥有，否则就有杀头之罪。曾在上海拍卖的一件青铜器，拍出了2 640万的高价，李家山一下出土了这么多青铜器，它到底价值几何呢？

数以千计的青铜器的出现，使李家山一夜之间变成了一座金山，这巨大财富的主人到底是谁？究竟谁能富可敌国？难道是滇王吗？然而能证明滇王身份的印并没有在李家山发现，这一度使考古工作陷入僵局。

然而，就在这个时候一个转折出现了。

在24号墓中出土了牛虎铜案，这个后来举世闻名的牛虎铜案，高43厘米，长76厘米，是一件造型奇特的青铜器，它的含义一直被人们议论纷纷。关于这个器物的造型，学术界有不同的说法。有人认为，它就很简单地反映了老牛舐犊的这种深情，为了保护小牛宁可让自己被老虎咬着；也有人说它本身象征着一种生殖崇拜，表现了生命勃勃不息的感觉。这个青铜器到底是干什么用的呢？专家们认为这应该是一件祭祀用的青铜器，用来供奉祖先的。在中国人的观念中，祭祀是一个非常盛大的仪式，有句古话说“国之大事在祭在戎”，意思就是对于一个国家来说，什么才能称得上是大事呢？那就是祭祀和征战。

抚仙湖上笼罩着一层一层的迷雾

北京附近的天坛就是明清两代帝王进行祭天的场所，李家山墓葬中出土的这件祭祀用品是不是在向人们预示着，这个墓葬的主人有可能就是一个地位高贵的君王呢？随着挖掘不断进行，李家山这个小小的山包也显得越来越神秘。

牛虎铜案的出土使李家山震惊全国，因为祭祀品的出现往往意味着整个国家的核心就在附近，李家山墓葬群里会不会埋葬着滇王呢？他会不会是传说中抚仙湖底古城的主人呢？如果真是这样，李家山已经价值连城了，那传说中盛极一时的水下古城将蕴藏着多少财富呢？由于一直没能发现证实墓主人身份的文字，李家山又陷入了沉寂。

3．再探李家山

抚仙湖周围分布着丰富的矿藏资源，1991 年一支硅矿开采队来到李家山探矿，然而他们的到来使已经平静了 20 年的李家山风云再起。

在24号墓出土了举世闻名的牛虎铜案

由于挖硅矿有一条探沟一直延伸到李家山西南坡的那个山顶，刚刚达到山顶的顶部就发现了一个中型墓葬。

这个发现是当时任江川县文物管理所所长的刘学义做梦也没有想到的，因为在 20 年前第一次考古挖掘结束后，所有人都相信李家山的古墓葬已经全部挖掘完了。

墓葬里新发现的青铜器出现了被村民哄抢的现象，这引起了专家的重视。刘学义连忙请云南省考古研究所的张新宁到实地勘查并进行第二次考古发掘。

让人难以置信的是，这次又有 60 座古墓葬重见天日，随之又发现二千余件青铜器。

经过考证，李家山墓葬的年代从战国一直延续到东汉，这中间历经了四五百年，为什么在如此漫长的时间里人们都要选择李家山作为安葬地呢？这

专家们认为牛虎铜案应该是一件祭祀用的青铜器

到底意味着什么？

随着清理工作进入尾声，考古人员突然发现，先后两次在李家山发掘的87座墓葬都有一种奇特现象：从李家山向下看，可以看到星云湖好像一直延伸到山脚下，通过一个垭口，就能依稀看到一点澄江抚仙湖的水面。这两次所发掘的墓葬的墓向基本都朝着那个垭口的方向。

中国古人对安葬地的选择讲究靠山面水，躺在棺木中的逝者须面朝开阔地。在李家山的南面，星云湖大片的水面一直延伸到山脚下。然而，李家山所有墓葬的方向却无一例外地朝着远处两座山的狭小豁口。从这个豁口，可以隐约看到抚仙湖的水面，是什么原因让这些墓葬放弃朝向近在咫尺的星云湖而朝向了遥远的抚仙湖呢？

储备器铜鼓上的花纹有船、船纹，还有人划船的图案

有人认为，说明这些墓葬的主人跟澄江之间存在着一定的联系。

那埋在李家山的人到底是谁，他们和抚仙

湖之间又有着什么样的联系呢？

专家们认为这些墓葬不是滇王墓，应该是滇王族中很重要的一个墓群。李家山江川这一带过去是滇王行宫，因为滇王经常到这里来举行祭祀活动。从出土的青铜器上的图案中也可以看出这一点。这里很有可能是王亲贵族、滇国国王兄弟的墓。

图案说明滇王经常到这个地方来

李家山墓葬从发掘开始，不断给人带来疑团。对墓主人的猜测也纷纷攘攘，如果这里真是滇王的行宫，一个行宫就如此奢华，那真正的王都将是怎样的景象呢？

到目前为止，已经从李家山出土了 4 000 多件青铜器。据专家说，李家山还有等待挖掘的墓葬 200 多座，这样说来，用价值连城这个词来形容李家山一点不为过。虽然说李家山墓葬主人的身份现在还让人疑惑不解，但是这些墓也向我们透漏了另外一个信息，那就是所有墓的朝向都指向一个方向，那就是抚仙湖。为什么他们的墓统统都朝向抚仙湖呢？难道李家山这些墓葬的主人都是从抚仙湖出来的吗？抚仙湖传说中的那座地下古城又该怎么去解释呢？

种种迹象表明墓群应该是王亲贵族的墓

（吴宁远）

探秘抚仙湖·迷湖蜃像

长年不腐的尸体，
奔腾于水面的神马，
诡异变幻的水怪，
神秘消失的都城，
平静的湖面之下埋藏了多少不为人知的秘密？

1. 网中奇尸

几十年前，一个规模庞大的墓葬群在云南玉溪的李家山无意间被发现。考古人员发现，这些从春秋战国到东汉时期的墓穴无一例外都埋藏着大量制作精美的青铜器，而这些丰盛的陪葬品让人们不得不相信这些墓穴主人当年地位的特殊与高贵。但是时空跨越几百年，这些古代的贵族为什么都选择埋葬在李家山上呢？更让人感到奇怪的是，这些墓穴的朝向居然都是同

抚仙湖是我国第二深的内陆淡水湖

在距离抚仙湖不远处有一座山被称为帽天山

这里发生了一件震惊世界古生物界的事件

在这座其貌不扬的小山包上居然发现了数以万计的古生物化石

一个方位，仿佛约定好了一样。于是有人猜测那个方向中某一个地方应该是墓葬主人曾经生活过的地方，但是这个地方到底在哪里呢？

1986 年 8 月初的一天，天还没有亮，生活在抚仙湖西岸牛摩村的渔民刘权像往常一样下湖打鱼，在天亮收网的时候刘权发现今天的网非常沉，难道是打到了大鱼？然而当他费了九牛二虎的力气把网拖到甲板上时才发现，这网里哪里是大鱼，分明是一个人的尸体。

捞到尸体的消息很快传了开来，也惊动了当地的公安部门，但是当公安人员见到这具尸体时却突然愣住了。这具尸体没有头，手臂和脚残缺着，硬邦邦的，敲起来“咚咚”响，整个尸身呈淡白色，就像石棉瓦一样。医生认定是个人，但是当时没有打开瞧。

由于尸体的表面包裹着一层类似石灰一样的物质，使得整个尸体保存得相当完好，于是当地人不由得想起了一个在抚仙湖边流传很久的传说。

相传在抚仙湖上落水的人，多数找不到尸体。由于尸体不知到了什么地方去，于是民间传说，在抚仙湖的湖底还有一个城市，那些落水的人都还好好地生活在那个城市里，而且他们的身体保存完好，同时还会随

分析化石发现了最早的脊椎动物化石

着湖水的流动来回走动，只是他们保持着一种奇怪的姿势—男尸朝前倾，女尸朝后仰。直到现在，天气晴朗的时候下湖的渔民甚至还能看到在水下城市生活的人们上街买菜、街头卖艺的情景。

现在这具从湖中打捞出来的离奇的尸体更让人们对这个传说深信不疑。但是在人落水后尸体怎么可能保持得如此完好，丝毫没有腐烂呢？

专家解释说：“从地质角度来解释，第一，抚仙湖的水属于重碳酸钙，是硬水，周围多是灰岩，灰岩滤过以后，碳酸钙变成碳酸氢钙溶于水，就到水里面去了，但是它释放出二氧化碳以后又变成碳酸钙；第二，抚仙湖的深水区的温度是恒定的，基本保持在13℃左右，这个温度很适合于冷藏，是细菌很少生长的一个温度，这具尸体由于周围的碳酸氢钙发生了化学变化，慢慢地把尸体里面的东西替换掉了，然后就发生了钙化。”

尽管后来经过调查发现这具尸体是抚仙湖边几十年前落水而亡的村民，但是却使当地的人们相信那些落水的人依旧在抚仙湖的湖底自由自在地生活着，难道真的像当地人说的那样抚仙湖的湖底还有另外一个城市吗？这些抚仙湖周围围绕的神奇传说，到底是虚幻的还是真实的，有多少可以让我们相信呢？

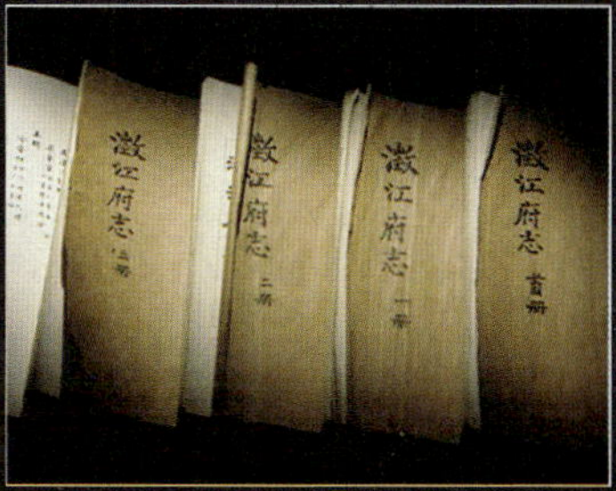

《澄江府志》记载的有关资料

2. 湖中飞马

除了水下城市，水怪也是抚仙湖离奇传说中的一个，在抚仙湖周围生活的居民曾经不止一人在水中发现了巨大的不明物体，这是真还是假呢？

位于澄江县城的文庙修建于清朝康熙年间

抚仙湖复杂的水下环境差点让耿卫送了命

村民张墅就曾见过水怪，他说："1954年我刚刚7岁的时候，一天父亲领着我在湖边用网围鱼，网撒在湖里以后我们开始冲石头哄鱼下网，结果发现网里有很多鱼，其中有条特别大的，它的尾巴打起的水花有两米多高。我当时高兴地说围着大鱼了，可父亲叫我赶快从湖里跑上来，还说围着海鬼了，我就赶紧跳上岸。上岸以后我回过头，想看看海鬼是什么样子，结果见到那条鱼从网上飞出去，形状有点像海豹，腹部是黑的，有毛。我长大成人以后见到了海豹就确认我在抚仙湖见过的东西就像海豹。"

这到底是一种什么样的动物呢？难道在抚仙湖中也有某种水怪吗？抚仙湖最深处可达159米，足以淹没一座50层的大楼，那幽深的湖水下面又有哪些不为人知的秘密呢？

在距离抚仙湖不远处有一座山被称为帽天山，1987年的一天，发生了一件震惊世界古生物界的事件，在这座其貌不扬的小山包上居然发现了数以万计的古生物化石。

对化石分析的结果表明，在远古寒武纪生命大爆发的时期，澄江地区就已经出现了生物，而这个时期正是地球所有生命的起点。这里还发现了最早的脊椎动物化石，这意味着很可能我们人类的祖先就在这里！会不会还有远古时期遗留下来的生物隐藏在抚仙湖那深深的水底呢？

专家候先光说："这个历史变迁长达5亿多年，一个物种不会延续那么长的时间，现在已知延续时间最长的一个物种也达不到几千万年，所以不可能存在这样的一种动物，只可能有相似的。"

但是这个奇怪的物体到底是什么呢？根据当地人描述，这个物体在夏日清晨出现极为频繁。难道真的有一种奇怪的动物还没有被我们认知吗？

澄江地区历来是被群山环绕着，古时候交通极不发达，环境也相对比较险恶，据说当年大贪官和珅的弟弟和琳就是在这个地方死去的。当地的少数民族由于没有自己的文字，关于自己民族的历史情况都是依靠口口相传的，直到其他民族的文字传入之后才开始了文字记述的历史。在清朝康熙年间的《澄江府志》中，人们发现了一条让人更觉得神奇的记载。

《澄江府志》里记录了这样一句话："在抚仙湖中，有物如马状，浑身洁白，背负红斑，丈尺许，时出游水面，迅速如飞，见者屡获吉应。"意思是说在抚仙湖曾经有人见过像马一样的动物，经常在水面游动，只要是见到的人都会有好运。

如果仅仅是一条在府志上记载的资料，也许只能说是古人的猜测，然而就在抚仙湖附近，直到现在还流传着这样的传说，甚至是在20世纪80年代还有渔民在清晨打鱼的时候看到过这种传说中的海马。更让人感到奇怪的是，在抚仙湖的一些地方天气好时还能看到水中石头上浮现出马蹄印一样的圆孔，当地人相信这就是海马留下的脚印。

抚仙湖里的鱼救了耿卫的命

但是什么样的马才能生活在水中呢，还能在坚硬的石头上留下那么深的脚印呢？

位于澄江县城的文庙，修建于清朝康熙年间，为了突出当地的特色，人们习惯将当地最有特色的东西记录在文庙不同的地方。在文庙石桥上就有一种长着翅膀像马一样的动物，难道这就是府志中所描述的海马吗？更让人感到惊奇的是石桥上12块雕刻图案中居然有5块都和这种动物有关，这到底是一种什么动物，能够如此频繁地出现在文庙的图案中，难道它真的存在吗？

3. 水下巨鱼

很多人对这些离奇的传说产生了极大兴趣，他们都想知道传说的背后隐藏了怎样的秘密，耿卫就是其中之一。

在抚仙湖周围一带几乎每隔几年都会打捞上来一些巨大的鱼

这个在抚仙湖边长大的年轻人，从小随父母支边来到云南。18岁时便只身到西藏探险，20岁那年成为一名职业潜水员。在他的眼里，任何一个陌生而神奇的地方都是他征服的目标。家乡神奇的抚仙湖还有那些离奇的传说更让耿卫着迷，他决定深入湖底一探究竟。耿卫说：“那个传说肯定是有根源的，我们怎样来破解这个传说，怎样从这个传说里找到最原始的信息，我们又能从那些信息里找到什么？这是人生的一大乐趣。”

但是让耿卫没有想到的是抚仙湖复杂的水下环境竟然差点让他送了命。

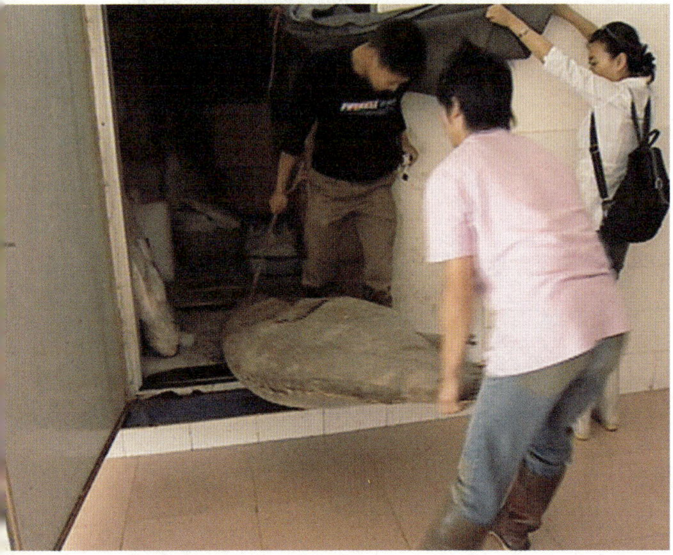

经过8个小时的搏斗终于被钓上来的大鱼

在一次潜水中由于贪恋湖底的美景，耿卫突然发现自己气瓶的气压已经显示不足，而备用气瓶也出现了故障无法正常工作：“在这种情况下。我只能靠着两只脚打着脚蹼往上冲。我想一口气冲出水面去，但是在我冲出水面的过程中，我看到几条鱼，在我眼前直上直下地游。我顺着鱼的眼光往上一看，上面铺天盖地一张大网，是渔民拖银鱼的大网。如果我没看到那几条鱼，我就不会看到那张网，就会栽在网里面，那我肯定就完蛋了。”

抚仙湖里的鱼救了耿卫的命，而且让耿卫没有想到的是，这些救了他命的鱼还帮他破解了一个笼罩在抚仙湖周围多年的传说。

这条大鱼足足有165厘米长，体重达到64千克

在抚仙湖周围一带几乎每隔几年都会打捞上来一些巨大的鱼，张之亮就是其中的一个幸运者。那天张之亮像往常一样在抚仙湖中打鱼，突然他觉得手中的鱼竿好像钩到了什么东西。他以为鱼线钩在什么物体上了，但是他的手一松，渔线就往湖里跑。他想，一定要拉上来看看到底是什么东西，于是赶紧往外面拽线，他与水里的鱼来回搏斗了大概两个钟头，那条鱼终于浮到水面上了，是条大鱼。

当地打捞上来的还有比这更大的鱼。有一条是经过 8 个小时的搏斗才被钓了上来的。这条大鱼足足有 165 厘米长，体重达到 64 千克。在这里几乎每隔一些时间渔民就会打捞上来这样大型的鱼。那条经过 8 小时搏斗才捕上来的大鱼据说是大青鱼，它的颜色泛白，日出或者日落的时候，阳光斜照在水面上，当这条鱼从水面划过的时候，在空气的折射之下，阳光就让这条鱼变成了金色，看起来非常美丽，有一种很绚烂的感觉。这恐怕就是传说中的湖怪了。不过，这也是人们的一个推测，抚仙湖究竟有没有其他生物，还得依赖于以后的考古活动。

耿卫潜水时突然发现一道长满水垢和青苔的石梁

如此巨型的鱼在其他湖泊里是极其少见的，这些大鱼会不会就是传说中的水怪呢？耿卫说：“我亲眼见到湖里有跟我差不多长的

鱼；而那些1米左右，七八十厘米的大鱼，更是成群结队。耿卫在后来的一次潜水活动当中，又发现了一个很神秘的事件，这个事件让抚仙湖更加变得扑朔迷离了。

5月2日，当耿卫潜游至抚仙湖东北面水域时，突然发现湖水在这里变浅了，一道长满水垢和青苔的石梁出现在了他的面前，顺着石梁向下，他发现了更加奇怪的现象。他看到那些石梁很规整地摆放着，石梁之间的棱角非常明显，这是在别处看不到的。耿卫潜水很长时间了，去过很多地方的水域，这里绝对跟其他地方不同。

阳光把鱼变成了金色

耿卫在自己的潜水日志中记下了这一奇特景观，他并没有意识到，他这次无意间地闯入居然让一个可能会改写古滇历史的遗迹重见天日，也让自己的生活发生了巨大改变。

第二年，当耿卫再次翻阅以前的潜水日志时，4年前的记录引起了他的重视，于是他开始有针对性地对抚仙湖东北水域进行潜水考察，再接下来的发现更是让耿卫惊讶不已。他回忆说："水里的石头很大，也很厚，给人一种震撼。"

平静的湖面之下埋藏了多少不为人知的秘密？

在随后的几次探险中耿卫发现这样的大石头越来越多，规模之大令人震惊。从石料上附着的厚厚青苔看，这些石头的年代已经非常久远，但是这些石头究竟从哪里来的呢？满腹狐疑的耿卫不由得想到了一个关于抚仙湖的神秘传说。他想，很多人传说抚仙湖底有古城，会不会是人们所说的沉下去的那座城呢？尽管在多次的潜水中耿卫并没有发现行走在水中的尸体，但是这些巨大的建筑到底是什么，庞大的石块背后又隐藏着怎样的秘密呢？它和那些传说又有一些什么样的联系？这一切成了耿卫心中的不解谜团。

为了进一步探明真相，耿卫和一些潜水爱好者组成了抚仙湖探秘协会，开始了漫长的探秘征程，但是他们能揭开抚仙湖水底的秘密吗？

（耿卓娅）

探秘抚仙湖·仙湖谜图

执着的水下探险家，
隐藏玄机的探宝图，
整齐罗列的巨型石块，
决定古滇文明的旷世争论，
宽阔的水下道路到底通向何方？

1. 水下探宝图

执着的水下探险家耿卫

为了揭开抚仙湖这层神秘的面纱，耿卫和潜水队员们开始艰苦的探险旅程，他们渴望通过自己的努力能够揭开抚仙湖水底秘密的冰山一角。然而，抚仙湖水下遗址的范围实在是太大，探险又是个漫长而寂寞的过程，水下探险更是如此，12 名潜水员每人每天 3 个小时的工作量对于发现庞大的水下遗迹来说不过是杯水车薪。耿卫开始意识到他们应该先确定水下遗迹分布的大致范围和方位，他们需要一张可以让他们自由出入这些遗迹任何地方的探宝图。

抚仙湖数不清的秘密让人展开了无穷无尽的猜测

但是，由于水下能见度较低，只靠普通的手段很难对遗址有一个整体认识，耿卫决定用声呐来对遗址进行探测。

声呐就是利用超声波来进行定位探测的一种仪器。超声波在介质中运行的时候，如果遇到障碍物会产生回波反射，根据障碍物的大小、材质以及距离的不同，反射回来波的强弱也是不一样的。再使用计算机把回波还原成物体的图像、位置等等，就可以对前方的障碍物有一个比较清晰的了解。声呐一般情况下是用在轮船或者潜水艇当中的，医院的B超也是一种声呐的使用方式。

声呐扫描的结果很快出来了，测量水下遗迹的面积为2.4个平方千米，由8个突出的部分组成，同时还测量出一条宽约7米、长约380余米的石板路，面对这样的结果所有的人都愣住了。尤其是耿卫："这怎么可能？直到20世纪70年代末80年代初澄江县的县城也就是两平方千米左右，那时候怎么会有那么大规模的城市建筑，我当时觉得很吃惊，会不会是真的？"

这个湖底的遗迹到底是什么？一时间众说纷纭，有人认为是码头、水坝，有人认为是祭祀台、庙宇，还有人则认为是古城。正在人们在对这个遗迹的用途进行猜测的时候，又有一些专家提出了水下遗迹是非人工建筑的看法。

专家们认为，这些石块有可能是自然产物，不是只有人工才可以做成那样规则的石块，地质作用也可以形成规则的石块。因为沉积岩是一层一层的，由于地壳作用产生了地质压力，地壳运动受力产生平行、垂直或者交叉的原理，这在自然界中是常见的事。

如果真如专家们所说的那样，水下的石头完全是由于自然力量形成的，那耿卫他们的水下探险便没有了任何意义。要知道这种由于地壳运动形成的石块堆积在陆地上很多。这些水下的遗迹到底是不是自然堆积而成的呢？

面对专家们的种种争论，对这些水下遗迹最有发言权的耿卫却一直坚持着自己的观点。他认为那不大可能是自然堆积物。因为，如果是户外的自然大石块或者山顶滑坡，它应该是散乱无章地堆在地上，而这些石块的形状非常规则，凿的边界也很清楚。这些石块的建筑构建本身就是人工材料，在水下又堆砌排列得很整齐，完全不是自然堆积的结果。

为了方便探秘，耿卫根据声呐描绘的结果绘制了一张水下遗迹分布图。在这张分布图上，耿卫把水下遗迹分成 12 个区域，有了这张明晰的探宝图，潜水员们开始根据区域分布的不同，有意识地去寻找水下遗迹是人造的证据。

2. 前所未见的水下城市

耿卫决定做一个拉网式的探索。一天，当耿卫的手触及那些巨大的石块时，一个不起眼的物体引起了他的注意。他发现每一个石块之间有很多黏稠物，大部分有间隙的建筑都会有这样的东西。

这些到底是填充石块缝隙的石灰还是水下自然形成的某种物质？如果真是石灰的话，那就足以说明水下的这些遗迹是人为建造的了。

把石灰岩烧成石灰是需要一定温度的，抚仙湖水下不可能具备这样的温度条件。石块之间的这种物质一定是在陆地上经高温烧制以后才从石灰岩变成石灰，然后再作为建筑材料拿到水下去的。

耿卫发现的一座用石头堆积起来的遗迹

这些物质到底是什么呢？为了确定这些类似于石灰一样的物质成分，潜水员们对镶嵌在石缝间的黏稠物进行了取样，并送到了云南大学化学实验室进行了分析。化验结果显示这是一种叫作碳酸钙的物质。

稍有化学常识的人都知道，石灰的主

要成分就是碳酸钙。20 世纪 80 年代中期，有人从抚仙湖的水底打捞上来一具女尸，这具女尸最奇特之处就是她的外面附有一层厚厚的壳，类似于贝类外面生长的壳。这个壳经过化验之后发现成分是碳酸钙，那么石灰的主要成分也是碳酸钙，这是不是说她的外壳是人为制造的呢？这种说法也许并不准确。在喀斯特地貌中溶岩洞穴的形成就是由于碳酸钙所起的作用，所以这具女尸的外壳也未必就是人为因素造成的。这个水下遗址的面积有 2.4 平方千米，对于我们今天的城市来说似乎小了一点，但是在 2000 年前，它的规模的确是非常大的，1900 多年前由于维苏威火山喷发，被整个埋在火山灰下的庞贝古城的面积也不过 1 平方千米。在那个年代，什么样的城市才能拥有如此规模呢？

潜水队员开始艰苦探险的旅程

2.4 平方千米，在当时的年代那是相当大的规模，用现代的标准来衡量，省会级的城市都达不到这个规模。尤其它处于边缘地区，就算是滇国的国都也没有那么大。

他们渴望通过自己的努力揭开抚仙湖水底秘密的冰山一角

在古滇国时期，中原周边的县城通常面积只有 0.25 平方千米，省城为 0.64 平方千米，国都则是 1~2 平方千米，而水下古城却达 2.4 平方千米。难道这会是那个神秘消失的古滇国国都？更让专家感到迷惑不解的是，这片水下遗迹是以石块作为材料堆积而成的，这在中国古代的建筑史上是绝无仅有的。

当时的城市建筑，如宫殿、宗庙等多是土木建筑，石构建筑非常罕见。不同时代有不同时代的建筑材料，这就是所谓时代流行的一种特色，就像现在基本采用的建筑材料为砖一样。如果脱离了那个时代的特征，和那个时代完全不一样的东西，就很难解释了。

无法解释面积的庞大，更无法解释建筑材料的特殊，面对来自权威考古专家的种种质疑，十多年来耿卫和同伴们一直在苦苦探索，难道这些年的水下探险真的毫无价值吗？沿着平坦的布满青苔的石板路，潜水员们努力地寻找着人工的痕迹，但他们看到的还是一堆又一堆冰冷的石块。

3. 天马的脚印？

庞大的水下遗迹

潜水员们根据区域分布的不同分头寻找

耿卫反复地研究探宝图，想找到揭开谜团的通道，这一天，声呐图上的一个特殊图像引起了他的注意："当时我们在用声呐扫描，扫描到 40 ~ 42 米的地方，出现了 9 根不同的很矮的桩，看起来很规则，成片的声呐扫描就把它呈现出来了。"

耿卫决定下水去看看这到底是些什么东西。果然，他在水深 35 米的地方发现了 9 根半露在泥面的木桩，这些木桩怎么会在那么深的湖底整齐排列的呢？耿卫决定取些样本上岸研究，但是由于木桩在水中浸泡太久，耿卫的手刚一触及木桩，木桩就像浮泥一样随水漂走了。他又在泥下挖，看能不能找到没有成为浮泥状的东西。在挖的过程中，他看到

耿卫发现那些巨大的石块之间有很多黏稠物

潜水员们对镶嵌在石缝间的黏稠物进行了取样

耿卫和其他队员在石板上的圆形孔洞插上木桩用线连接起来

石板上有个 8 ~ 15 厘米的柱洞，他一下就醒悟过来，这就是用来插柱子的柱洞。

在古滇文明中，滇人的建筑形式主要以杆栏式建筑为主，而这种建筑模式从新石器时代就有发现。杆栏式建筑是南方少数民族特有的一种建筑，它出现的时期很早，在浙江余姚河姆渡发现 7 000 年前的新石器时代遗址里面就发现了杆栏式建筑。建筑通过楼梯上去，只有人才上得去，主要是为了适应南方的气候、自然环境、地理环境而发明的。

这些柱子是不是用来支撑建筑物的栏杆呢？如果是，那必然说明这些水下遗迹是人工搭建的。

在接下来的潜水中耿卫和其他队员又发现一块上面有多个圆形孔洞的石板，把这些圆孔插上木桩用线连接起来居然成了一个规则的长方形，非常像杆栏式建筑的基础，而这些圆孔不就是曾经在岸边出现的海马的脚印吗？耿卫说：“如果没有发现这个东西，我可能还想不到那是柱洞，会认为那是天马的脚印。”

居然成了一个规则的长方形，非常像杆栏式建筑的基础

对于海马以及所谓海马留下来的脚印可以有一个别的解释了。如果大家去游览历史遗址，比如圆明园，就会看到一个景象，在一堆废墟之上有一个牌子，这个牌子告诉游人，这里以前是什么宫殿。走在上面的时

候会发现一种很独特的东西，叫作柱杵，通常是一个圆形的石礅，中间凿有一个圆的窟窿，为了立柱子使用的，因为柱子如果直接埋在土里，很容易腐烂，而埋在石头当中能够保持牢固。云南地区的建筑形式一般都是杆栏式建筑，在这种情况下要建造一座石质宫殿，毫无疑问，为了立柱子肯定要凿出一些柱杵来的，从这个角度可以判断抚仙湖水下的这座古城应该是一座人工古城。可是为什么这座城市会陷于水下呢？根据以前的一些考古记录，比如欧洲出现在水中的一些古城，那是因为山体滑坡造成的，有时候出现巨大的地裂缝导致一个村落整个掉了进去，转瞬之间这个地缝又合上了，于是村子就再也看不到了。抚仙湖水下的这座古城，会不会也是因为天塌地陷而沉入水中呢？

据云南地质资料显示，抚仙湖属于地震断陷湖，大约形成于地质年代第三世纪末，距今约 300 万年。与此同时受板块运动影响，在青藏高原的东南边界形成了一条地震滑坡等地质灾害比较严重的地震分布带，这就是著名的小江断裂带。它在云南境内全长 400 千米，呈南北向分布，抚仙湖就位于小江断裂带的南端。翻阅《澄江府志》第八卷可以发现，关于抚仙湖周围的地震到处可见，仅公元 1500 年以来，小江断裂带上就发生过几十次破坏性地震，最大的达到 8 级。从元朝到清朝共发生了 20 多次地震，元朝大德六年，也就是 1302 年发生了一次大地震，《澄江地方志》最早记载的也是 1302 年那一次。

抚仙湖属于地震断陷湖

抚仙湖大约形成于地质年代第三纪末，距今约300万年

在抚仙湖东面的华宁县有一个叫做矣渡的村落，这里曾经是

个渡口，在200多年前的一个夜晚，一次巨大的地震使矣渡村整体下滑陷入抚仙湖，至今这座村子后山上的慈云寺里还有一座石碑，记载着那次发生在清乾隆五十六年的地震。

当时只有二三个人因为到后山去放泉水而幸存，其他人连同村落全都沉下去了，是在夜晚沉下去的。如今这里的居民基本上都是从其他地方迁移过来的，村民们出海打鱼的时候还能看到水下的这些村落。

在抚仙湖底发现的古城遗址会不会是因为某次大地震而沉入湖底的呢？带着这种猜测来自云南省地震局的专家们对抚仙湖东岸的地质情况进行了调查。在这里他们果然发现了一个规模庞大的古滑坡体，而抚仙湖水下古城的遗迹正好就在这个古滑坡体的底部。

耿卫和其他队员取出一块石样

专家们认为这个地方是一个强震带、强震区，是在地震情况下引起的滑坡，可能把地面上的东西带下去了。

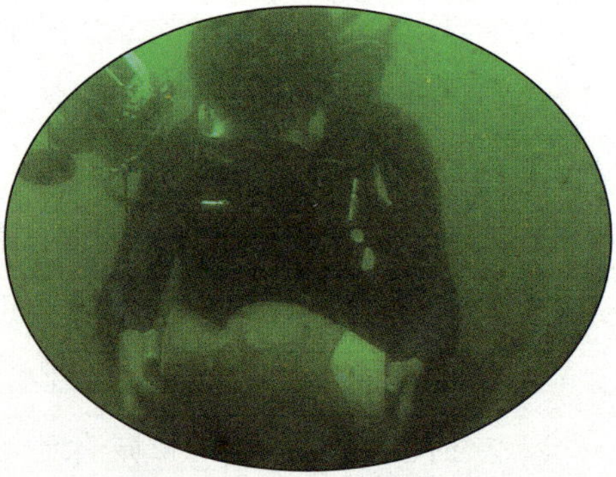

从湖里发现的古物

没有想到是地震导致一座城市陷入水中，在那样一个年代，如此大规模的城市到底是做什么用的呢？是普通的城市还是一个国家的国都呢？这一切我们无从得知，因为考古工作者无法下水探秘，而我们的潜水员对于考古知识又是知之甚少，这给我们了解这座水下遗迹增添了许多不利因素。有些专家建议耿卫继续沿着发现的那条路往前走。果不其然，耿卫往前走的时候，真的发现了一个很高大的建筑物。

（耿卓娅）

探秘抚仙湖·碧海王城

突然出现的通道，
无法解读的巨石印痕，
湖底谜城，
蕴藏了怎样的秘密？

1. 再探抚仙湖

根据《史记》记载，在抚仙湖附近存在着一座消失的古城。2 700 多年前，楚国有一个叫庄乔的将领，在云南地区建立了一个文明程度非常高的古老王国叫作古滇国。当时那里的人们制造了无数价值连城的青铜器和金器，然而就在古滇国最辉煌的时候它却从历史上神秘地消失了。自从公元前 86 年之后，我们在史书中再也找不到任何关于古滇国的记载了，传说中宏伟的都城也不知去向。

两千七百多年前，楚国的庄乔在云南建立了一个古老王国

水下古城的发现者耿卫，经过进一步

勘测之后发现，整个古城的面积大概是 2.4 平方千米，相当于故宫博物院的 3 倍大。一个普通人去故宫游览，如果只沿着它的整个墙走一圈的话，也需要很多时间，更不要说在水下进行考古活动了。为此，耿卫专门组织了一批由潜水员和建筑工程师组成的人员，建立了一个潜水队，为的就是对水下的这个遗址进行详细探测。他们把探测的结果标注在地图上，把整个抚仙湖水下古城分成 12 个区域。这个区域当中的每一个点都可能向我们揭示出这座古城为何沉入水中，以及这座古城的建造者是谁等惊天的秘密。2006 年 6 月 16 日，第二次抚仙湖水上考古正式开始了。这一次他们把考古的重点放在了 F 区的第 16 小区，因为专家们认为这个区域的地形、地况最为复杂，也许其中就包含着解开秘密的金钥匙。

古滇国在最辉煌的时候从历史上神秘地消失

F16 区到底有什么与众不同？那里是否存在着还没有被发现的古代遗迹？如果这里是一座建筑，从里面能否找到古滇国遗留下来的证据？解开水底古城真正身份的关键，很可能就藏在这里。

1966年发现的神秘墓穴中有数以千计的青铜器

潜水员们纷纷表示，要全心全意地跟着耿卫老师，把抚仙湖的谜底破解了，就是他们最大的心愿。

尽管 F16 区看上去并不大，但是它的实际面积却超过了 3 000 平方米。相当于一个大型足球场的面积，在

无数价值连城的金器重见天日

水中探测如此巨大的区域必须有足够的耐心和毅力。所有的准备工作都已经就绪，随着水下摄像机被放入水中，第二次抚仙湖探秘正式开始。这次探秘计划从 F16 区的最边缘开始一直探测到这个区域的最中心。探秘的成员中包括了第一个发现水下古城的潜水员耿卫、熟悉云南古滇国历史的专家以及专业的水下摄像师。由于历史专家没有受过专业的训练而无法直接进入水中，因此必须将水中的画面通过水下摄像机拍摄之后传回工作船，希望船上的专家能够从画面中解读出水下古城的秘密。随着潜水员越潜越深，水下巨大的石块也越来越规则。这些石块与耿卫最早发现的石块非常类似，很有可能出自同一个时代。从画面上看这些石头，已经布满了青苔，显然已经在水底沉睡了很长时间。就在这时，巨石堆中忽然出现了一个奇怪的石块，潜水员打着手势指向了这个石块，石块虽然不大，但是上面仿佛布满了复杂花纹。那么，石块上的花纹是什么？经过进一步探测，潜水员们发现这并不是花纹，而是石头上附着的浮游生物，并没有什么实际价值。为了保证水下古迹的完整，这块石头还是被放回了原处。

水下古城的发现者耿卫

有一张对抚仙湖水下神秘的建筑物进行超声波探测之后得到的声呐复原图，如果不经专业人员指点，一般人看不懂这张图。这张图上面非常窄，下面比较宽大。哪一类的建筑会呈现出这种独特的风格呢？那就是金字塔。埃及金字塔大都是尖尖的，从侧面看非常像汉字的“金”字，所以叫它金字塔。美洲的金字塔跟埃及的金字塔不一样，它的上面是平台，平台上面再盖一个建筑，这些建筑有的时候是做祭祀用的，有的时候是用做天文观测使用的。无论是埃及也好，美洲也好，所有的金字塔都有一个特点，那就是每一个面都是非常光滑平整，一看就是人工建造的。抚仙湖水下的这个建筑物看起来并不具备这样的特点，但是，我们也可以用“地震或者是滑坡的时候遭到的破坏，整个建筑物坍塌”来解释这个事情。让我们想象一下，假如这个建筑物当年就像美洲的金字塔一样，在它最顶层的平台上，会不会也有建筑物呢？如果有建筑物，这个建筑物是不是同样用来祭祀或者进行天文观测的呢？答案到底该怎么去寻找呢？

潜水员们继续向 F16 区中心最高的平台前进，搜寻工作进行得非常缓慢，他们每搜寻一处，不仅要寻找人工遗留下来的痕迹，而且还要在经过的地方用绳子做上标记。这样是为了测量数据，同时尽量保护水底的原貌。这些工作在陆地上做已经十分费力了，在水底不但呼吸困难，而且每一个动作都要承受巨大的阻力。探秘进入第三天仍然没有找到任何有价值的东西。如果 F16 区是建筑，至少应该有一些残存下来的痕迹，可是除了巨石潜水员们没有发现任何有价值的东西。难道他们的猜测并不正确，这里根本不是建筑？关于 F16 区的所有猜想都错了吗？

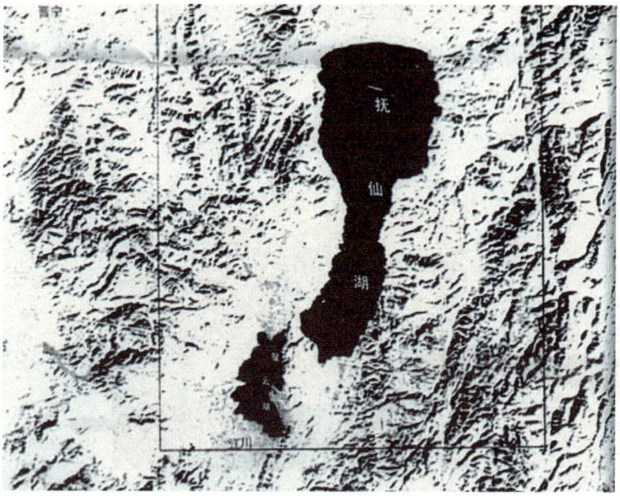

对抚仙湖水下神秘建筑物进行超声波探测之后得到的声呐复原图

一个仿佛布满复杂花纹的石块

2. 水下祭台

尽管3天里没有任何发现，由于没有完整地探测整个区域，谁也无法肯定这里到底是不是建筑。所有人都在等待着，希望潜水员能够发现有价值的遗迹。搜索逐渐接近F16区的最高点，突然，水下摄像师在镜头前做出了一个发现目标的手势并且指向了一个石头，当镜头靠近那块石头后，一个怪异的图形出现了！石头上面是三个树杈一样的东西，下边是一个斜的横杠，横杠是一个尖角。

船上的专家以及所有在场的人都从屏幕上看到了那个怪异的符号，这个符号也许是整个抚仙湖探秘的转折点。这个奇怪的符号到底意味着什么？它能否帮我们解开水下古城的秘密？在F16区最高的区域能够明显看出有些巨石很像被人工打磨过，而且地形非常平坦，难道这里会是人工铺设的？这里会不会就像玛雅金字塔上的神庙一样建造有祭祀或观测天象的建筑？是否所有的秘密都隐藏在这里？

在任何一次考古活动中，如果出现符号，也就是类似于文字的话，会给我们透露出很多有价值的信息，因此，大家对它寄予了很高期望。不过，如果只有孤零零的这几个符号，似乎也不能让我们完完全全地去了解它。

水下巨大的石块上已经布满了青苔

随着潜水员越潜越深，水下巨大的石块也越来越规则

当镜头靠近那块石头后，一个怪异的图形出现了

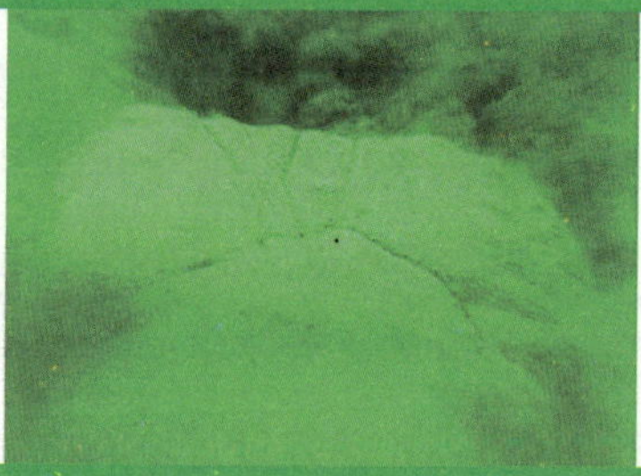

石头上的图形

每搜寻一处，要寻找人工遗留下来的痕迹

神秘的符号到底代表了什么意义？它们的出现是否能够说明 F16 区就是水下古城的一部分？它们与神秘消失的古滇国有什么关系？在 F16 区最高的地方到底隐藏了多少秘密？石块上类似符号的痕迹一个接一个出现，但是专家却始终无法明白其中的含义。突然，又一个复杂的图形出现了！那是一个人面形状的图案，这个人的牙齿呈三角状，这和江川李家山出土的一件青铜剑上面的祭祀人面有几分相似，会不会就是一个祭祀的脸的形象呢？

随着整个 F16 区域的探测接近尾声，建筑的原貌也渐渐显露了出来。

这是一个高台式的建筑，由石块、石条组成。它的高度达到 19 米，底边长达 90 米。在第 1 级、第 2 级台阶的最下面雕刻有一些符号。另外，还有一个重要发现，那就是人面祭祀脸。通过这些可以推测出这个建筑物应该是用于宗教祭祀的。

水下祭台的出现标志着我们对水下古城的了解更进了一步，然而水下古城到底是不是传说中的古滇国都城？古滇国到底是因为什么原因从历史中消失的？这些问题还不得而知。

F16 区这些石板上刻画的符号，专家认为有的是某个神灵的名字，似乎在向我们证明 F16 区这个特殊的建筑物应该是一个祭祀台。按照一般的理解，古代城市分为外城、内城，最后是宫城。如果这个建筑同样是用于祭神的话，也许，它离整个城市的权力中心就已经非常近了。按照这个想法，潜水员们扩大了搜索区域，看看能不能找到那个想象中的“宫城”。

搜寻队员用绳子在经过的地方做上标记

3. 未尽的大路

为了寻找更多的证据，潜水员们带着水下机器人坐上了小船向 F16 区的西北方向出发了。这是一片全新的水域，耿卫的水下探秘活动还没有到达过，这里的湖水也比 F16 区更深，人难以到达。根据耿卫的介绍，那个方向的湖水非常深，但是能够隐约看到很多奇怪的石块。虽然人无法进入那个新的区域，但是水下机器人却可以在那里工作。这个新的区域会有我们期待中的发现吗？

水下机器人的出现打乱了抚仙湖平静的水下世界，这里水深超过了30米。通过水下机器人上传的画面我们发现，这里的碎石在水底零散地分布着，中间仿佛是一条没有尽头的大路。水下机器人沿着这条路慢慢向前走，虽然最终没有新的有价值的发现，但是它就像这抚仙湖探秘活动一样，带着执着的人们一点一点接近抚仙湖底谜城的真相。

整个F16区域的探测接近了尾声

在这次抚仙湖水下探秘活动中，人们把探索的主要区域放在了F16区，并在这片水域下发现了一座非常高大的建筑物。从它的形制上判断，它的外形有些接近于玛雅人的金字塔。玛雅人的金字塔主要是祭祀和进行天文观测，而这个建筑物又是干什么的呢？紧接着，人们就发现了一些刻在石板上的符号，有专家认为这些符号代表了当时这里的人们所信仰的神灵的名字。如果照这个证据来判断的话，很有可能这就是一座祭祀用的平台或者平台上另外建有神庙。可惜，因为地震、滑坡、千年的时光，这座城市当中的这个建筑物已经变得面目全非。

过去，在考古和探秘之前，人们寄希望于能够找到有相关文字的技术来证明它，但是现在也没有找到相关的考古文物；再加上有的专家认为，从周围附近出土的古滇国青铜器看，还没有找到文字或者符号的图案，因此，很难把二者之间挂上一个必然的联系。最后，人们把希望寄托于新发现的那条大路。可惜，由于湖水太深，潜水工作者无法进入那么深的环境之中。

专家推测这个建筑物应该用于宗教祭祀

看来，一切只能等到以后条件允许了，才能再进行类似的科考活动，也许到那个时候，真相就会大白于天下。希望有一天，我们拥有足够的财力、足够的技术支持，能够解开抚仙湖水下古城的秘密。

（杨力）

龙宫镇漩塘之谜

一口近万余平方米的池塘，
池水不分昼夜旋转千年，
是不明物质作怪，
还是大自然操纵的奇妙谎言，
神秘力量究竟来自哪里？

1. 旋转的池塘

一口近万余平方米的池塘，池水不分昼夜旋转千年

提起地球上最壮观的海水运动——洋流，大家必会想起那最神秘的百慕大三角巨型漩涡。其中有一种关于百慕大的解释，就是因为水旋转起来之后形成了一个漩涡，这个漩涡类似于一个透镜的原理，于是就可以产生高温的聚焦点，把路过它的船只、飞机都给燃烧了。当然这只是一个百慕大的传说。同样是水体的旋转，在贵州也有一口水塘，这口水塘可以不借助任何外力

自行旋转，这样的漩塘，却是目前为止世界上唯一的一处！推动漩塘持续旋转的神秘力量究竟来自哪里？是和百慕大一样难以琢磨的磁异常？是沉在水底的大型怪物？还是传说中的水下宝物在作怪？

《龙宫镇漩塘之谜》片头

2006 年 6 月 21 日，记者赶到了贵州省安顺市西秀区的龙宫镇，在那里终于找到了传说中神奇的漩塘。当他们怀着极大的好奇心停下来近距离观察漩塘的时候，奇异的现象果真出现在眼前——水在转！为了看清楚漩塘的全貌，他们又找到附近一个相对高的视点，并且请当地人帮忙在漩塘里放了一个大竹排。45 分钟后竹排果真又转回到了起点。

据同行的人介绍，漩塘这个时候转速已经不算快，赶上最快的时候它可以几分钟就转一圈。而且最奇怪的是，不管旋转的速度是快还是慢，它的水位始终相差不大，水面也始终保持柔和平稳，不会旋转起大的水花。漩塘为什么会自行旋转？它的旋转又是从什么时候开始的呢？目击者满腹疑问。

据村民反映，漩塘寨搬迁到这里的时间也不过 100 多年，而漩塘在漩塘寨建立以前就已经存在了，那么能否找到历史上一些关于漩塘的记载？几经周折他们找到了贵州省地方志办公室的编辑吕勇，希望通过《安顺市志》，能够得到有用的信息。漩塘在 1986 年实测直径是 101 米，水面面积 8 012 平方米。然而除了漩塘的一些基本描述外，对于它何时出现、可能的成因等，都没有查到任何相关资料。

这口水塘位于我国贵州省

2．风、宝物还是磁场？

漩塘究竟为什么会自行旋转？为了尽快揭开谜底，记者马上又找到了水文地质高级工程师杨秀华，以及贵州省气象局山地环境气候研究所的谷晓平博士，希望在专家们的帮助下把漩塘之谜弄个水落石出。

6月22日，记者和专家一行赶往漩塘。一到漩塘，专家们首先就对漩塘周围的山地环境开始进行仔细观察。而就在这时，谷晓平博士突然发现了一个异常之处：在漩塘东北角有一个比较大的山口！当时的人们第一感觉就是风一定是从这个比较大的山口进来，由于气流的运动从而导致此处水体的变化。

由于风造成的水面旋转，《走近科学》摄制组于2005年底在四川猎塔湖拍摄水怪时也曾经发现过。当时当摄像机抓拍到平静的水面出现了奇异的旋转现象时，他们都以为是水怪出现前的一个征兆。但最后经专家确认，原来水面上的漩涡是由猎塔湖西边山口进入的峡谷风和水面上的对流空气交汇所形成的。

水果真在转

从漩塘所处的地理位置来看，这里类似于一个小盆地，四周都比较封闭，唯独东北方向有一个马蹄形山口，所以从这个山口穿过的气流，会突然加速，形成人们常说的峡谷风或穿堂风。当它从东北方向擦着漩塘吹过来时，如果风力足够的话，就应该是导致漩塘旋转的一个主要原因。这个推论能否成立？谷博士马上就开始了对漩塘范围内风的测定。

45分钟后竹排果真又转回到了起点

为保证测定结果的完整性，谷博士用风向风速仪在漩塘边选取了 8 个点进行风向测定。预期的结果应该是一个顺时针的方向，如果风要对这个水面产生影响的话，那就是风的方向应该跟水的运动方向一致。

然而当根据现场测定结果描绘出示意图之后，没想到风力影响说被推翻了。在东面测到的气流运动方向是逆时针的，而在靠西北的方向，测量出风的运动竟是顺时针的，显然风的运动方向相反。从测定的结果以及周围的地形来看，风引起这个塘的旋转的可能性非常小。

风的影响被排除了，神秘的漩塘这样不分昼夜旋转了不知多少年，然而它的秘密究竟藏在哪里？就在他们一筹莫展的时候，在漩塘寨却又听到了这样一个奇怪的传说。以前有两个姓杨的老人家种葫芦，有一年只结了两个葫芦。有个有钱的外地人路过，看到塘里有宝物，就问那家人葫芦卖不卖，如果卖，一个就给了一万，但他要那两个老人家守 99 天。后来那个人从外省用马驮着铁链和钱来了，然而两个老人家没守住，只守了 98 天，还差一天就把葫芦摘了。外地人很生气，说不信你们看，然后用铁链拴了葫芦扔到漩塘里，塘自然就干了，干了以后只显出一个宝物的影子，并没能得到宝物。现在漩塘的水就一直围着宝物转，当然宝物也拿不出来了。

记者到贵州省气象局寻找专家

据说漩塘寨曾经有很多人都喜欢到漩塘中心钓鱼，他们也都希望能钓上神奇的宝物，但是都没有结果。更奇怪的是，不但探不到宝，而且还探不到底，几乎没有人知道漩塘到底有多深。大人们常吓唬孩子说塘水深不见底，当然这样的说法更多的可能是为了安全起见，但说来也怪，迄今为止漩塘寨从未发生过有人掉到塘里溺水身亡的事。村民们认为正是这一方神秘

如果顺时针，表明水的运动方向受风的影响

漩塘

的漩塘和它里面神秘的宝贝护佑了这一方水土。不仅家家户户在面朝漩塘修的堂屋里贴佛供奉，而且村民还在距离漩塘最近的一处山脚下立了土地庙，以方便过路时随时恭拜。

关于这个传说，到底是当地村民的一种想象，还是基于某种事实的夸张？水底下的宝物是否存在？它会是推动漩塘旋转的神秘力量吗？就在大家都十分疑惑的时候，村民们又提供了一个奇怪的线索——塘里面有海带石莲花！

轻便风向风速仪

一个普通淡水池塘，里面怎么可能出现海洋植物海带呢？大家都知道几亿年前的贵州是一片深海，而海带只能生长在海水中，这是否说明深度不明的漩塘底下还保存着一个海水环境呢？如果真是这样的话，直径101米的漩塘是完全有可能容得下大型生物的，同时，它要搅动这么大一个漩塘旋转起来也是轻而易举的。那么漩塘旋转的原因会不会就是某种奇怪的大型生物在水底活动时造成的呢？

据村民们反映，除了见到过像房子一样大的鱼群外，他们并没有发现过奇怪的大型生物。那会不会是因为漩塘太深，它沉在水底而不易被发现呢？经仔细分析，这个推论还是很难站住脚。第一，水底生物的前进路线会跟随食物变化，不会一成不变地只沿顺时针方向前进；第二，漩塘已经持续不断地旋转了很多年，而目前世界上还没有发现过一种能持续不断地在水底活动而不休息的生物。另外，多年来村民们都喜欢在漩塘里挂拦河网打鱼，据他们说，以前随便一网下去就能满载而归，而现在连鱼的影子都很难看见了。可见如果真有一个巨型生物藏在水底，那现在漩塘里的食物也是根本不够它生存的了。基于此，水生生物作怪的说法是讲不通的。

根据现场测定结果描绘出的示意图

关于漩塘还是有一些美丽而神秘的传说，让人觉得它不是一个普普通通的池塘。既然风的理论被推翻了，水生大型生物的说法也不能站得住脚，到底是什么让漩塘转起来呢？而且最奇妙的是，它不是局部出现一个小漩涡，而是整个水面都在不停地旋转；更有意思的是，千百年来周而复始，就这么一直转下来，这其中的推动力到底是什么呢？这个时候他们开始反思，推论是否基于错误的出发点，从而走了一条不对的路径。

漩塘地理位置类似于一个小盆地

恰恰在这个时候，有个专家提出了一个新的想法，大胆推论会不会是磁场在作怪，导致漩塘出现了这种奇怪的景观。

对于由强磁场导致水出现旋转现象，这在大西洋神秘的百慕大三角并不罕见。在那里经常会发生飞机在海域上空神奇失踪、路经该地的轮船有时也会莫名其妙消失的事情。有科学家就指出船舶、飞机失事前往往都仪表失灵、无线电中断，诸多现象都反映出磁异常，而由磁异常产生的巨大漩涡就是百慕大的一个典型特征。让面积达 8 012 平方米的漩塘整个水体产生旋转的力量，会不会也来自水底可能存在的一种特殊磁场呢？此时，杨秀华和他的助手拿出了随行带来的专业设备——磁场测定仪。

紧张的磁场信号采集一结束，他们马上就带着所有数据资料赶回贵阳实验室，此时期待已久的谜底会最终被揭开吗？然而经过电脑处理的结果却说明这个地方的磁场是正常的，并没有异常反应，看来磁场因素应该排除。

不是风的影响，漩塘里没有大型生物，它的旋转也和磁场干扰没有关系，那么漩塘千百年来自行旋转的秘密究竟何在？在几种猜测被推翻之后，村民们也都议论纷纷，更加坚信推动漩塘旋转的神秘力量就来自于藏在水中的宝物。就在这个时候，专家们讨论的焦点也全都集中在了一个最大的疑问上——地球的自转方向是自西向东，在南半球，所有的洋流、气旋等都会因此而产生顺时针方向旋转，在北半球它们则都是逆时针旋转的。同样是位于北半球的漩塘，它的水体为什么却是顺时针方向旋转的呢？

3. 地下的水系

6 月 24 日，为了揭开漩塘顺时针旋转的谜团，记者开始跟随专家对漩塘再一次进行全面考察。当他们走到漩塘北面一个田埂边上的时候，果真有了新的发现。那里有条河，由于周围都是竹子，使得那条河比较隐蔽。它的目估流量是 2.5~3 立方米 / 秒，流到漩塘以后，就和着漩塘水顺时针旋转起来。

也许就是这条小河最终导致漩塘旋转起来呢！他们马上借来一条船逆河而上，万万没想到的是，越往上游走，感觉就越奇怪。这条河宽 5 米左右，水深 7~8 米，大概有 2 600 米长。一条长 2 600 米的河，彻夜不停地流，按专家目测的每秒 3 吨的流量计算，一天流入漩塘的水就有 25 万多吨。漩塘的直径却只有 101 米，这么多的水为什么一下子流到漩塘却没有溢出来呢？池塘的水位不上升，从这点就反映出池塘底部有落水洞。所谓的落水洞，用专业术语讲就是地下河入口。

漩塘四周都是山，比较封闭

为验证漩塘底部是否真的藏着一个地下河的入口，他们马上找来专业的测绳想探一探这漩塘的底。50 米长的绳子，相当于近 20 层楼高的深度，竟探不到底，那么漩塘底部是否真的有一个洞口呢？为了排除这最后的疑问，专家们决定在漩塘周围进行一次全面勘查。就在距离漩塘东部 3 千米的地方，专家们发现了一个由明河、暗河交替出现的奇怪水系，如果这个奇怪水系中的巨大水量就是来自漩塘，那么漩塘底部存在的秘密就真相大白了。

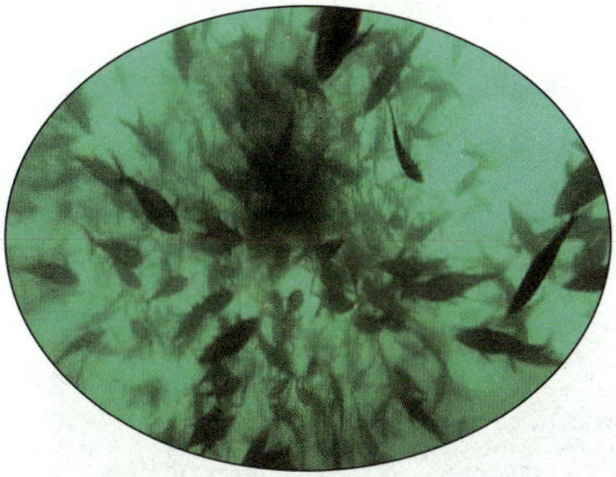

晴天的时候可以看到一群一群的鱼

在喀斯特地貌当中，最容易形成的地质构造现象、地貌现象就是岩溶漏斗和地下暗河。因为在这个地区人们会经常发现一段明河一段暗河，原因是什么呢？就是当初整个地下都是一条暗河，如果这条暗河局部垮塌，垮塌了以后就变成了明河。漩塘这个地区，正好是垮塌了的一条暗河，这个地方又是一个岩溶漏斗，再和下面的其他暗河相接。

记者拜访水文地质高级工程师

最后经专家证实，漩塘所在地处于云贵高原的东部斜坡，是典型的喀斯特地貌。当 2 600 米长的河水流入漩塘时，水从东北方向注入，导致

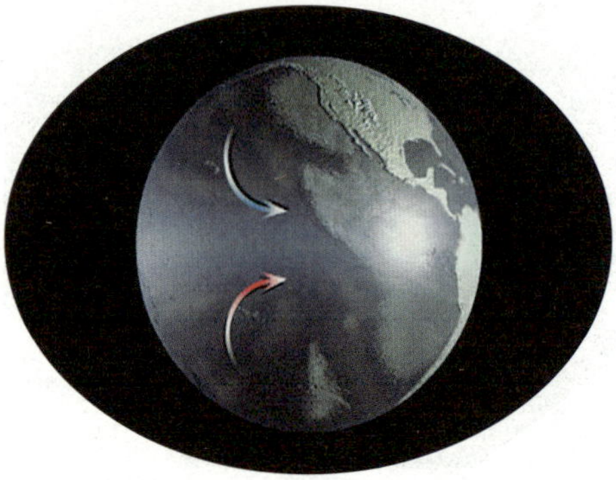

地球的自转方向是自西向东

漩塘顺时针方向旋转。由于漩塘底部是一个大而深的漏斗，漏斗底部的暗河和下游的水系连通，对漩塘里的水体产生了一股吸力，水注入时的推力和下游水系对漩塘的吸力，最终导致漩塘千万年来不停地旋转。至于漩塘的水为什么一直看着不减少，那就是因为它的出水量和进水量基本上相等，所以看起来水始终是满的。

龙宫镇漩塘之谜终于被解开了。据专家介绍，其实早在人类出现之前，这种非常奇特的地质现象就已经存在，并在逐渐地形成着。一方面我们要惊叹于大自然的鬼斧神工，另一方面我们也非

由明河、暗河交替出现的奇怪水系

常惊叹于漩塘这种很奇妙的自然景观。因为迄今为止，漩塘是目前世界上唯一发现的一种可以整体旋转的水体。当地的有关部门对这一现象也非常重视，设立了一个保护区，并且形成了龙宫风景区。据说在当地还有很多未解之谜，大家有空的话不妨去那里休闲探秘。

（唐中柳）

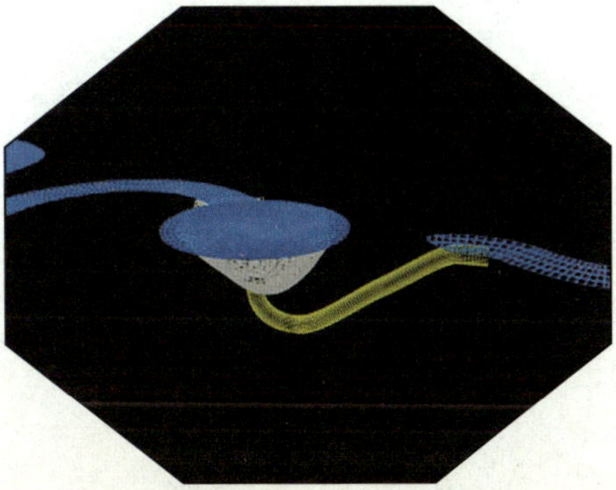

漩塘底部是一个漏斗，漏斗底部的暗河和下游的水系连通